北京联合大学校级科研项目“基于省域专利转移网络分析的北京市高精尖产业创新地位及其提升策略研究”（项目编号：SK30202309）

中国在国际知识产权贸易网络演化中的发展路径研究

侯晓丽◎著

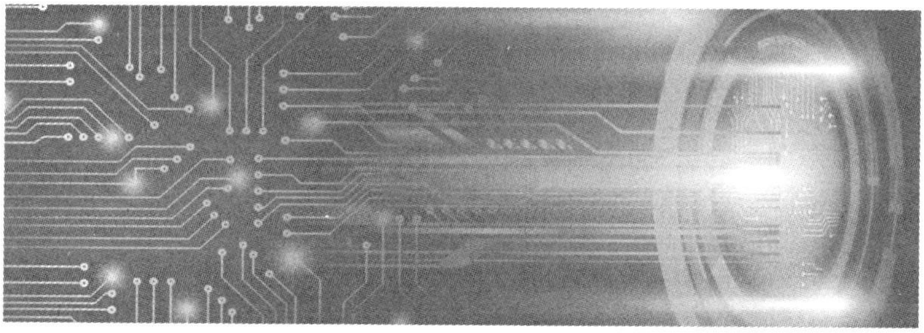

RESEARCH ON CHINA'S DEVELOPMENT PATH IN THE EVOLUTION OF INTERNATIONAL INTELLECTUAL PROPERTY TRADE NETWORK

经济管理出版社
ECONOMY & MANAGEMENT PUBLISHING HOUSE

图书在版编目（CIP）数据

中国在国际知识产权贸易网络演化中的发展路径研究/侯晓丽著．—北京：经济管理出版社，2024.3
ISBN 978-7-5096-9650-7

Ⅰ.①中…　Ⅱ.①侯…　Ⅲ.①知识产权—进出口贸易—研究—中国　Ⅳ.①F752.67

中国国家版本馆 CIP 数据核字（2024）第 064370 号

组稿编辑：丁慧敏
责任编辑：董杉珊
责任印制：黄章平
责任校对：王淑卿

出版发行：经济管理出版社
（北京市海淀区北蜂窝 8 号中雅大厦 A 座 11 层　100038）
网　　址：www. E-mp. com. cn
电　　话：（010）51915602
印　　刷：唐山昊达印刷有限公司
经　　销：新华书店
开　　本：720mm×1000mm/16
印　　张：10
字　　数：138 千字
版　　次：2024 年 4 月第 1 版　　2024 年 4 月第 1 次印刷
书　　号：ISBN 978-7-5096-9650-7
定　　价：98.00 元

前 言

技术创新和贸易开放深刻改变了全球经济格局。无形资本将越来越多地决定企业的命运和财富，确保一个国家在当今全球价值链中的竞争优势。知识产权由于其具有可交易性，已成为国际贸易中的热点问题。中国作为知识产权贸易的重要参与者，为促进知识产权在世界舞台上的合作与竞争做出了巨大努力。然而，在中国的知识产权跨境使用费收支不断增长、专利申请数量不断增加、创新产出排名不断提高等与知识产权发展相关的可喜数字背后，中国在“创新阶梯”上还有很长的路要走，特别是在国际知识产权转让领域。随着参与技术创新和转让的国家和地区间的相互联系和互动增多，以及社会网络分析的不断发展，在网络视角下审视中国知识产权贸易的发展、探究其影响因素以及中国在国际知识产权贸易中的竞争力提升路径是十分必要的。

为了探讨如何提高中国在国际知识产权贸易网络中的竞争力，本书将逐一回答以下问题：①国际知识产权贸易网络的总体特征、演变趋势以及中国在国际知识产权贸易网络中的发展和演化是怎么样的？②网络自组织结构、节点（网络中的每个国家和地区）属性和网络外部环境是如何影响国际知识产权贸易网络的形成和发展的？③网络外生因素（国家属性和网络外部环境）是如何协同影响中国在知识产权进出口网络中的发展和竞争力的？

针对以上三个问题，首先，本书运用社会网络分析方法（Social Network Analysis，SNA）对1995—2018年66个国家（地区）间的知识产权使用费进口额和出口额进行分析，揭示国际知识产权贸易网络的总体特征和演变趋势以及中国在其中的发展情况。其次，运用指数随机图模型（Exponential Random Graph Models，ERGM）分析国际知识产权贸易网络的影响因素和形成机制。最后，通过模糊集定性比较分析（fsQCA）验证网络外生影响因素的组态效应。

研究发现：①国际知识产权贸易的整体网络、空间结构和节点演化呈现出“小世界”和“核心-边缘”的特征。整体网络的中心化格局逐渐加强后在动荡中逐渐减弱，体现了欧美等知识产权大国特别是美国的核心地位不断减弱，以及其他国家努力赶超的势头。中国在知识产权贸易网络中的表现十分抢眼，发展势头强劲，增长速度和排名不断加快和提高，但贸易逆差逐渐扩大，值得高度重视。②国际知识产权贸易网络的形成受到自组织结构、节点属性、节点之间的关系即外生网络的影响。在自组织结构上，互惠性不显著，循环闭合效应显著，说明国家和地区间知识产权贸易往来密切，有集团化趋势，但不存在较强的相互依赖关系。在节点属性上，创新水平差异较大的国家和地区之间更容易进行知识产权交易。制度水平越高，越有利于吸引更多的知识产权进口，而对出口则有一定的抑制作用。而经济水平的高低对知识产权贸易的进出口影响都比较大，特别是进口。在外生网络中，文化因素对知识产权贸易的进出口有微弱的抑制作用，而地理因素对附加在货物贸易上完成的知识产权贸易仍有较强的抑制作用。③就中国而言，创新因素、文化因素、制度因素、地理因素和经济因素对提高中国知识产权贸易的竞争力具有协同效应；不存在导致中国知识产权高出口额和高进口额的单个必要条件，但制度因素对知识产权进口和出口、创新因素对知识产权进口发挥着相对重要的作用。对于中国知识产权贸易的高出口，存在三条路径：经济驱动下制度主导型、文化驱动下创新主导型和经典 CAGE 主导型。对于中国知识产权贸易的高进口，也存在三条路径：经济驱动下制度或创新主导型、制度和创新主导型与经典 CAGE 主导型。

本书为国际知识产权贸易的研究增添了地理学和协同学的视角，有助于进一步厘清国际知识产权贸易活动的总体格局和发展趋势，洞悉知识产权贸易网络的形成机制和影响因素，全面了解中国在知识产权贸易方面的发展和演化，从而提升中国在国际知识产权贸易中的地位和竞争力。本书为我国规划、制定和调整国际知识产权贸易战略提供了参考。

目　录

1 绪论

1.1 背景

1.1.1 知识产权与知识产权贸易

技术创新和贸易开放深刻地改变了全球生产的面貌。以技术、设计和品牌为主要形式的无形资本在很多重要方面渗透进了全球价值链，占据了消费者购买产品的大部分费用。2000—2014 年，在全球制造和销售的所有产品的三大生产要素（劳动力、有形资本和无形资本）所产生的收入份额中，无形资产的份额为 30.4%，几乎是有形资产份额的两倍。在此期间，19 个制造业的无形资产总收入实际增长了 75%（世界知识产权报告，2017）。这凸显了在世界经济中经常被用来保护无形资产和相关资产的知识产权发挥着日益重要的作用。无形资产将越来越多地决定企业在当今全球价值链中的命运和财富，并决定哪些企业在市场上会取得成功。世界知识产权组织（WIPO）总干事弗朗西斯·高锐（Francis Gurry）则认为，知识产权是“公司从其无形资本中获得竞争优势的手段”①。

《与贸易有关的知识产权协定》（Agreement on Trade-Related Aspect of Intellectual Property Rights，TRIPs）于1995年1月1日生效，是迄今为止最全面的知识产权多边协定。它涵盖的知识产权领域包括：版权和相关权利（表演者、录音制作者和广播组织的权利）；商标，包括服务商标；地理标志，包括原产地名称；工业设计；专利，包括保护植物新品种；集成电路版图设计；未披露的信息，包括商业秘密和测试数据（TRIPs，1994）。

除了保护产品样式、手感、功能和整体外观背后的无形资产和相关资产外，知识产权本身也可以作为产品进行交易。与传统的基于比较优势和要素禀赋的商品贸易不同，知识产权贸易不仅通过推动技术创新和进步成为世界经济的重要增长点，而且通过产业结构升级形成全球价值链和利润分配格局。在传统的第一产业和第二产业中，企业主要是开发、制造和销售产品，即以经营有形商品为主。传统的第三产业企业往往以提供各种服务为主要经营模式，即以经营无形商品为主要业务。目前，随着知识经济和知识产权贸易的发展，一些企业已经将知识产权贸易作为一种重要的经营模式。

知识产权贸易分为狭义的知识产权贸易和广义的知识产权贸易。狭义的知识产权贸易是指以知识产权为标的的贸易，主要包括知识产权许可、知识产权转让等内容，即公司、经济组织或个人之间，根据一般商业条件，向对方出售或从对方处购买知识产权所有权或使用权的一种贸易行为。主要包括专利权的许可和转让、商标权的许可和转让、版权的许可和转让、商业秘密的许可和转让等。广义的知识产权贸易既包括知识产权贸易，也包括知识产

① https：//www. wipo. int/pressroom/zh/articles/2017/article_ 0012. html.

权产品贸易，是指含有知识产权的产品，特别是附有高新技术的高附加值的高科技产品，如集成电路、计算机软件、多媒体产品、视频产品、音像制品、文学作品等的贸易行为（詹洪海，2009）。在上述可交易的知识产权标的中，专利和商标是知识产权贸易的核心竞争优势（顾晓燕和刘丽，2016），这也是本书关注狭义知识产权贸易的原因。

一个经济体（国家或地区）的国际知识产权贸易最初是通过国际收支中的特许权使用费和许可费披露的（《国际收支手册》，1993 年）。特许权使用费和许可费包括居民和非居民之间就授权使用无形、非生产性、非金融资产和专有权利（如专利、版权、商标、工业流程、特许经营权等）以及通过许可协议进行的付款和收款交换制作的原稿或原型（如手稿和电影）。1999 年，美国在服务贸易统计中用知识产权使用费代替特许权使用费和许可费。世界银行、日本和中国也纷纷效仿。

现在，2009 年《国际收支和国际投资头寸手册》（BMP 2009）、2010 年《国际服务贸易统计手册》（MSITS 2010）和美国经济分析局（BEA）使用了相同的术语——知识产权使用费（别处未涵盖），其中包括：

（1）使用专有权利（如专利、商标、版权、工业过程和设计，包括商业秘密、特许权）的费用。这些权利可以产生于研究和开发中，也可以产生于营销中。

（2）复制或分发（或两者兼有）包含在制作的原件或原型中的知识产权（如书籍和手稿、计算机软件、电影作品和录音的版权）和相关权利（如现场表演和电视、有线电视或卫星广播）的许可费。

然而，中国在 2014 年修订了其国际服务贸易统计制度，不包括复制或分发（或两者兼有）原始录音传送的音频和视频的许可，这与国际和美国的统计框架不同。

本书采用 MSITS 2010 框架，以便于更广泛地应用和数据收集。该报告由国际服务贸易统计机构间工作组（TFSITS）编制，并于 2010 年获得联合国统计委员会批准。工作组由经济合作与发展组织（OECD）召集，由欧统局（Eurostat）、国际货币基金组织（IMF）、联合国贸易和发展会议（UNCTAD）、联合国统计司（UNSD）、世界旅游组织（UNWTO）和世界贸易组织（WTO）组成。

1.1.2 国际知识产权贸易的发展概况

尽管在记录知识产权的实际流动和交易方面存在许多统计上的困难，但现有数据仍可以勾勒出过去几十年国际知识产权贸易发展的大致轮廓（见图 1.1）。

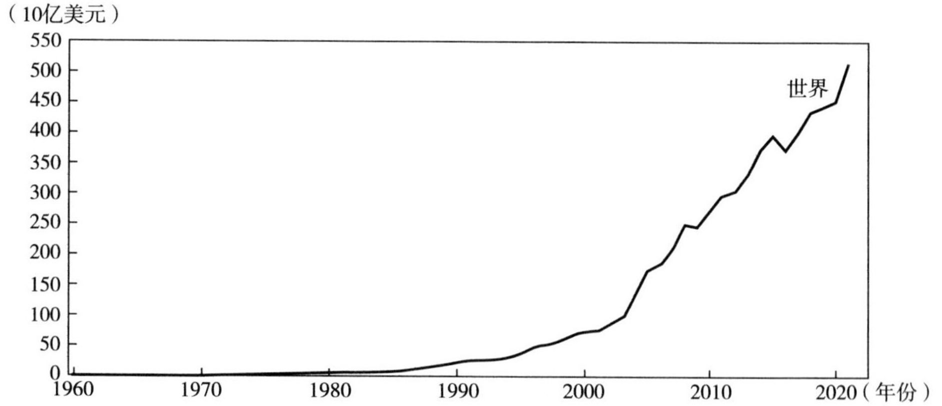

图 1.1 1960—2021 年全球知识产权使用费

资料来源：世界银行，https：//data. worldbank. org/indicator/BM. GSR. ROYL. CD？ end = 2021&start = 1960&view = chart&year = 2020。

根据世界银行提供的 1960—2021 年的数据，国际知识产权贸易发展大致可以分为三个阶段：

第一阶段：启动阶段（1960—1994 年）。由于冷战，资本主义国家和社会主义国家两大阵营相互敌视。高科技产品被保密，并禁止出口到对方阵营。但在阵营内部，尤其是资本主义国家，知识产权贸易随着这些国家间贸易的发展而开始增长。

第二阶段：起飞阶段（1995—2004 年）。苏联解体后，世界范围内出现了自由贸易。TRIPs 协定明确了知识产权贸易的内涵和知识产权保护的国际标准，加上信息技术的发展，促进了知识和技术的合作与传播。根据《世界贸易报告》（WTO，2006）的估算，1995—2004 年，全球特许权使用费和许可费的收支增长速度快于世界商业服务出口，2004 年约为 1300 亿美元，占世界商业服务贸易的 6%。1995—2000 年，全球特许权使用费和许可费的收支平均增长 9%，比全球商业服务贸易快 2 倍。2000—2004 年，全球特许权使用费和许可费的收支增长率为 11%，高于商业服务贸易的增长率（约 9%）。

第三阶段：快速增长阶段（2005 年至今）。知识产权在经济发展中的重要性已得到高度重视。许多国家通过制定国家战略，高度重视知识产权的创新和引进。此外，互联网的迅速发展将世界各国和地区连接到一个“地球村”里，加速了知识产权信息的传播，形成了知识产权交易平台，从而促进了知识产权交易的蓬勃发展。2021 年知识产权贸易总额是 2004 年的 3 倍以上，达到 5152.6 亿美元，年均增长率为 8.4%（根据世界银行数据计算）。

在全球贸易增长的美好图景下，发达经济体与发展中经济体之间的贸易不平衡依然存在。全球特许权使用费和许可费的收支仍然主要发生在发达国家。工业较发达的北美、欧洲和东亚国家占全球借贷付款的 90% 以上（WTO，2006）。随着欧盟和日本从这一来源获得的收入增长速度逐步超过美国，美国占主导地位的份额有所下降。由于海外投资增加，日本从2003年起成为这一服务类别的净收入者。在发展中经济体中，新加坡、中国等近年来的特许权使用费和许可费的收支大幅增加，自2003年以来，这三个国家的支付总额超过了日本。2004年，东亚以外的发展中经济体占全球特许权使用费和许可费的收支比例不到4%（WTO，2006）。当前全球特许权使用费和许可费收支的一个重要特征是，它们主要发生在关联公司之间。这就解释了为什么东亚经济体的支付相对强劲，反映出其外商直接投资和融入全球生产网络的程度较高。

1.1.3　中国知识产权贸易的发展

20多年来，中国为促进知识产权在国际舞台上的合作与竞争做出了巨大努力。知识产权进出口稳步增长，成为国际服务贸易的重要组成部分。1997年，我国知识产权进出口规模不足10亿美元，到2020年已增长至463亿美元，占同期国际服务贸易总额的8%，与全球水平相当。目前，中国知识产权贸易额居世界前五位，仅次于美国、荷兰、日本和德国。

我国是全球知识产权引进大国。从图1.2可以看出，2000年之前，我国知识产权进口规模较小，2001年加入WTO后，我国深度参与经济全球化，知识产权进口开始快速增长。2002—2020年，我国知识产权进口年均增长15%，其中2002—2008年年均增长22%，2020年进口额达378亿美元，占同期我国服务贸易进口的10%。美国、德国和日本是我国知识产权的主要进口地，来自美国的进口以通信技术、汽车技术为主，来自德国、日本的进口以汽车技术为主，并且很大一部分进口的市场主体是外商投资企业，这也符合双边资源要素分布和经贸投资结构。我国以规模巨大的国内市场和严格的知识产权保护，对促进全球知识产权流动和经济合作发挥了重要作用。

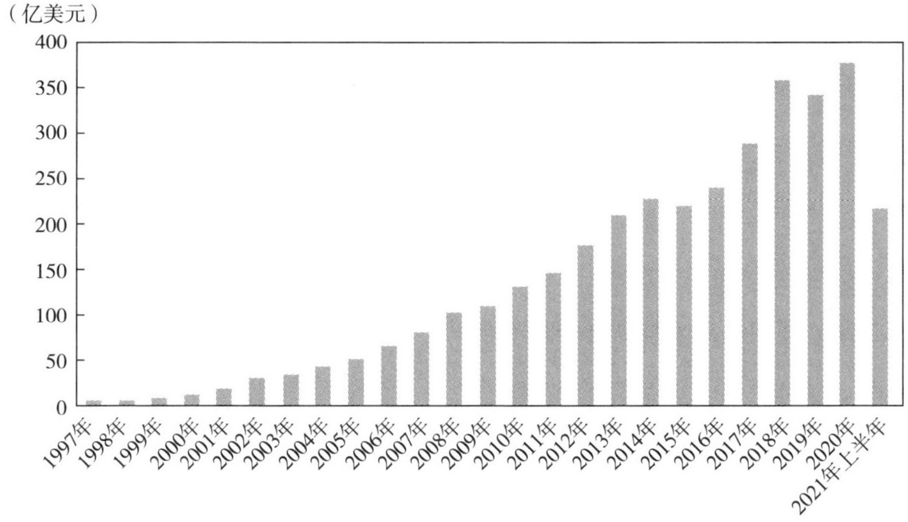

图 1.2 1997 年至 2021 年上半年中国知识产权跨境使用费（支付）

资料来源：中国国家外汇管理局。

近年来，我国在全球知识产权市场已从以进口引进为主转向进出口双向增长。从图 1.3 可以看出，2015 年之前，我国知识产权出口额每年不足 10 亿美元，2015 年开始显著增长，2015—2020 年年均增长 51%，2020 年出口额达 86 亿美元。知识产权出口与进口的比重由 2004 年的 5%上升至 2020 年的 23%。目前，我国知识产权出口遍布全球 143 个经济体，涵盖发达和新兴市场以及各共建“一带一路”国家和地区，其中，美国是最重要的出口市场，表明经济全球化时代国际合作与知识共享是发展趋势。

2008 年 6 月 5 日，国务院发布《国家知识产权战略纲要》。党的十八大以来，中央把知识产权保护作为一项更加突出的工作重点，提出了《深入实施国家知识产权战略行动计划（2014—2020 年）》《国务院关于新形势下加快知识产权强国建设的若干意见》等一系列相关决策和规划。《“十三五”国家知识产权保护和运用规划》《知识产权强国建设纲要（2021—2035 年）》于 2021 年 9 月出台。

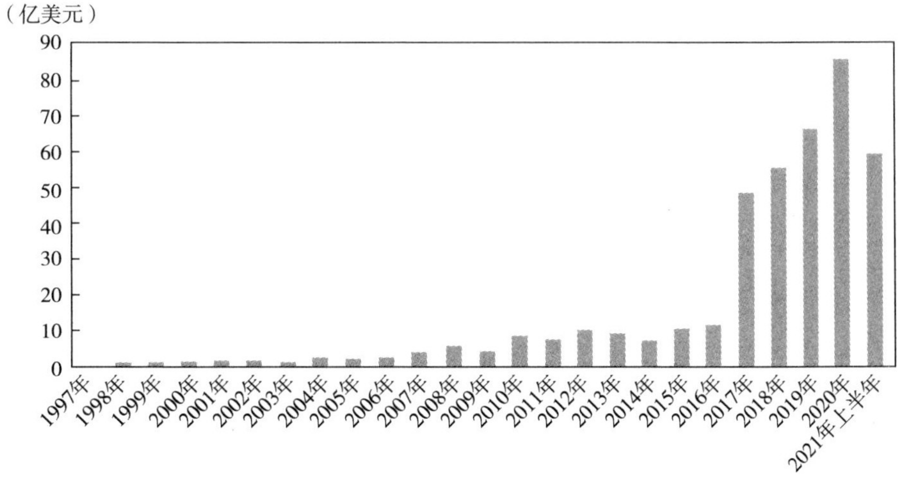

图 1.3　1997 年至 2021 年上半年中国知识产权跨境使用费（收入）

资料来源：中国国家外汇管理局。

政策和计划是有效的。2012—2021 年，国家知识产权局授权发明专利 395 万件，年增长率为 13.8%，中国有效发明专利超过 315 万件，在数字技术领域所占比例不断上升（2022 年，中国拥有超过 300 万件国内有效发明专利）。根据世界知识产权指数报告（WIPO，2021b），中国在 2005 年超过了欧洲专利局（EPO）和韩国，2010 年超过了日本，2011 年超过了美国，目前在世界范围内收到的专利申请最多（见图 1.4）。

1.1.4　网络视角下的知识产权贸易

在世界成为一个地球村的情况下，为了描述和推断代表“民族国家间更持久的互动形式之一”的贸易流（Koka & Madhavan，1999），采用关系型的研究方法似乎更合理。其中，基本分析单位不是一个国家，而是它们之间的贸易流，这与实体主义方法形成对比。实体主义方法的基本分析单位是

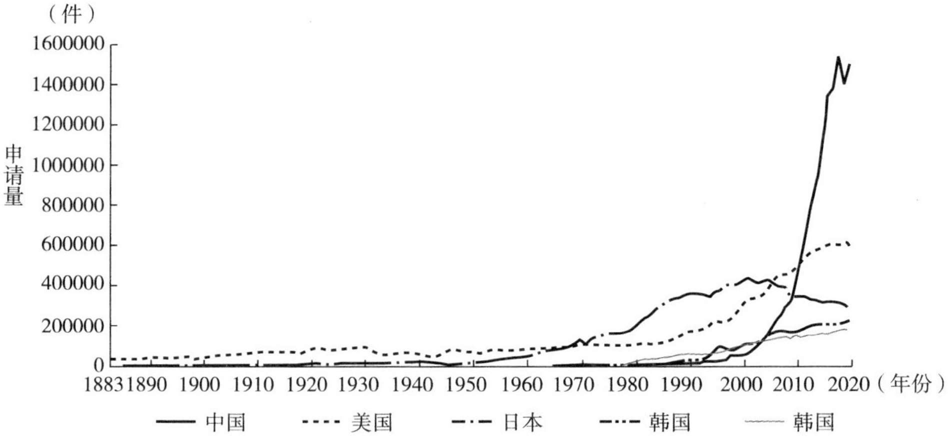

图 1.4　1883—2020 年前五大专利局的专利申请趋势

资料来源：《2021 年世界知识产权指数报告》。

国家（Lovri et al.，2018）。在学术文献中，这种互动可以被描述为网络（这并不是什么新鲜的概念），至此，社会网络被正式定义为一组由一种或多种类型的关系联系起来的节点（或网络成员）（Wasserman & Faust，1994）。社会网络分析（SNA）的出发点是，社会生活首先且最重要的是由关系以及这些关系所形成的模式构成的。根据《关系社会学宣言》（Emirbayer，1997），社会网络分析是从关系视角研究社会结构的最佳方法。国际贸易不仅仅是双边贸易关系的总和，社会网络分析可以用来描述和推断其总体结构和发展。

1934 年，Moreno 引入了社会关系网络来解释为什么在哈德逊的纽约女子训练学校出现了一种“逃逸少女”流行病。不久之后，自 1943 年以来，社会网络分析一直被用来“绘制”国际贸易地图（Hilgerdt，1943）。这方面的开创性理论是 Snyder 和 Kick（1979）描述的“世界体系是一个核心、半边缘结构”，其基础是贸易流动、军事干预、外交关系和联合条约。Nemeth 和 Smith（1985）、Smith 和 White（1992）以及 Kick 和 Davis（2001）也采用了同样的方法，他们分别基于单个时间点、三个时间点和两个时间点确定了核心-外围结构。基于 Borgatti 和 Everett（1999）的核心-外围模型，许多研究人员描述了三层世界体系，以评估国际贸易中的全球化（Clark & Beckfield, 2009；Kim & Shin，2002；Mahutga，2006）。Zhou 等（2016）通过分析2001—2010 年各国的主要出口和进口伙伴，揭示了一个以美国、中国和德国为重点的网络，强调了“需要开发理论模型来解释，而不是简单地描述观察到的网络”。

由于保护人类智力成果被认为是推动创新和竞争力的重要因素，出口大量知识产权密集型产品的国家（地区）可以被视为创新的领导者。此外，这些产品在发展中经济体的出口中所占份额不断增加的趋势可以被解释为它们在创新阶梯上的提升（Folfas & Andżelika，2013）。因此，识别知识产权进出口的主要参与者、概述其发展和趋势，是十分必要的。在前人对贸易网络研究的基础上，从网络的角度探讨国际知识产权贸易的发展和结构特征是合理和可行的，可以为国家和地区间频繁的知识产权贸易提供更全面的视角。

1.2 问题陈述

与以特定商品为标的的国际商品贸易不同，国际知识产权贸易的标的主要是各国（地区）之间知识产权的使用权，尤其是技术性知识产权的使用权。根据波斯纳的技术差距理论（Posner，1961），国家（地区）技术创新的完成导致了国家（地区）间技术差距的存在。国家（地区）间的技术差距直接催生了国际技术贸易。具体而言，技术领先的国家（地区）出于对经济利益的追求，将充分利用自身的技术比较优势，通过技术密集型产品的出口和技术转移，获得较高的经济效益；技术落后的国家（地区）为了适应技术进步的需要，引进先进技术，利用技术溢出效应消化吸收，提高技术水平，缩小与技术先进国家（地区）的技术差距。“二战”结束以来，国际知识产权贸易发展迅速，远远超出了一般的国际商品贸易，并逐渐成为衡量一个国家（地区）技术实力的重要指标。随着技术对一个国家（地区）乃至世界的产业增长和经济发展的拉动作用日益突出，各国（地区）提高和保持技术创新水平的要求日益迫切。国际知识产权贸易作为技术溢出的主要传递渠道、提高技术水平的重要手段和新兴的经济增长动力，自然成为继基于国家资源禀赋的劳动力和资源密集型产品之后全球贸易新的发展重点。

由于一国（地区）的技术进出口规模可以直接从资本利润的角度通过贸易额来量化，国际知识产权贸易逐渐成为衡量一国（地区）实际技术实力的重要指标。国际知识产权贸易与知识产权制度密切相关，知识产权制度可以从知识产权使用费的角度定量反映其总体格局。知识产权制度本身鼓励和保护国际技术贸易。《与贸易有关的知识产权协定》第 7 条规定：“保护和行使知识产权的目的应是促进技术创新、转让和传播，并以有利于社会和经济福利的方式促进技术知识生产者和使用者之间的互利。”根据《国际服务贸易统计手册 2010》，知识产权使用费主要包括所有权使用费和复制或分发所依据的原件或原型中包含的知识产权的许可费。因此，国际知识产权贸易的总体概况和格局可以通过知识产权使用费进行定量分析。

毫无疑问，中国是全球知识产权贸易的重要参与者。1978 年改革开放以来，中国凭借廉价的生产要素和优惠的外商投资政策，通过出口、吸引外资和贴牌生产，成为全球价值链的一部分，融入全球经济体系。然而，即使中国已经成为世界第一大出口国和第二大经济体，其成本优势和政策优势仍然在逐渐消失。低端产业开始向东南亚一些国家转移，高端外资制造业则有向本国撤退的趋势。中国企业在价值链中的地位亟待提升。

知识产权已成为国际竞争力中仅次于劳动力和资本的关键要素和重要贸易资源，对价值创造的贡献越来越大。这将有助于中国应对美国对中国高科技企业的围攻，并培育新的驱动力和优势。在创新格局方面，根据2021年全球创新指数报告（WIPO，2021a），中国仍然是全球30个最具创新性经济体中唯一的中等收入经济体。自2013年以来，中国在全球创新指数中的排名一直稳步上升，每年都离前10名更近一点，到2021年达到第12名（见图1.5）。中国的表现和成就十分突出，特别是在创新产出方面，所凭借的就是成功的国内创新与国际技术转移互补。应用的数量和创新指数都反映出了我国作为创新大国的国际地位。

2021年全球创新指数排名

GII 等级经济	得分	收入组等级	地区等级
1瑞士	65.5	1	1
2瑞典	63.1	2	2
3美利坚合众国	31.3	3	1
4英国	59.8	4	3
5大韩民国	59.3	5	1
6荷兰	58.6	6	4
7芬兰	58.4	7	5
8新加坡	57.8	8	2
9丹麦	57.3	9	6
10德国	57.3	10	7
11法国	55.0	11	8
12中国	54.8	1	3
13日本	54.5	12	4
14中国香港	53.7	13	5
15以色列	53.4	14	1
16加拿大	53.1	15	2
17冰岛	51.8	16	9
18奥地利	50.9	17	10
19爱尔兰	50.7	18	11
20挪威	50.4	19	12
21爱沙尼亚	49.9	20	13
22比利时	49.2	21	14
23卢森堡	49.0	22	15
24捷克共和国	49.0	23	16
25澳大利亚	48.3	24	6
26新西兰	47.5	25	7
27马耳他	47.1	26	17
28塞浦路斯	46.7	27	2
29意大利	45.7	28	18
30西班牙	45.4	29	19

中国GII七大支柱得分

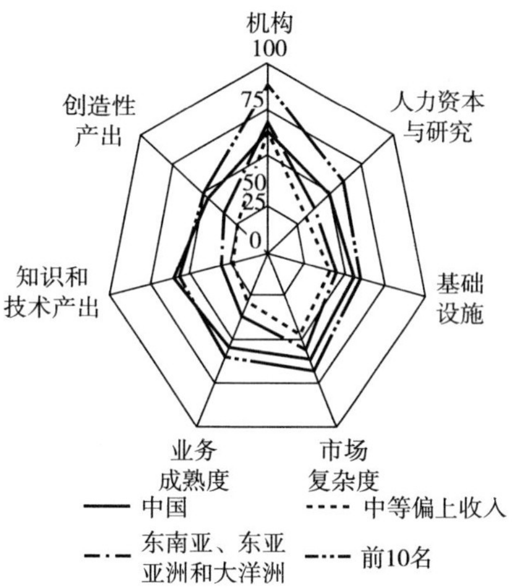

图1.5　2021年中国创新格局

资料来源：2021年全球创新指数。

然而，尽管中国知识产权发展有许多可喜的成绩，如知识产权跨境使用费的收支不断增加、专利申请数量最多、创新产出排名不断提高，但总体来看，数量与质量不平衡，特别是在国际知识产权转让领域。与美国等发达经济体相比，我国的知识产权出口和创新影响力还很落后。不仅如此，关于中国知识产权贸易竞争力、影响因素和发展路径的实证研究较少。由于参与技术创新和转移的国家（地区）之间的相互联系和互动不断增加，在知识产权贸易网络的背景下考察中国的竞争力、影响中国知识产权贸易的因素以及中国在国际知识产权贸易中竞争力的提升路径是比较合理的。所有这些问题的解决都必须建立在认识国际知识产权贸易网络的拓扑结构、空间布局、节点特征、演变规律和形成机制的基础上。

1.3 研究目标

基于如何在网络背景下通过识别特征和影响因素来研究中国在国际知识产权贸易中的发展路径问题，本书设定以下研究目标：

目标 1：探究国际知识产权贸易网络的拓扑结构、空间布局、节点特征、演变规律及中国在其中的发展和演化。

目标 2a：探究网络自组织结构对国际知识产权贸易网络产生的影响。

目标 2b：探究创新、制度、经济三个可变因素对国际知识产权贸易网络产生的影响。

目标 2c：探究文化和地理两个固定因素对国际知识产权贸易网络产生的影响。

目标 3a：探究创新、文化、制度、地理和经济因素对提升中国在国际知识产权贸易进口网络中地位的协同效应。

目标 3b：探究创新、文化、制度、地理和经济因素对提升中国在国际知识产权贸易出口网络中地位的协同效应。

1.4 研究问题

根据研究目标，本书试图回答以下主要研究问题：

问题 1：国际知识产权贸易网络的拓扑结构、空间布局、节点特征、演变规律和中国在其中的发展和演化如何？

问题 2a：网络的自组织结构是否影响国际知识产权贸易网络的形成？

问题 2b：创新、制度、经济三个可变因素是否影响国际知识产权贸易网络的形成？

问题 2c：文化和地理两个固定因素是否影响国际知识产权贸易网络的形成？

问题 3a：创新、文化、制度、地理和经济因素对中国在国际知识产权进口网络中的地位是否具有协同效应？

问题 3b：创新、文化、制度、地理和经济因素对中国在国际知识产权出口网络中的地位是否具有协同效应？

1.5 研究意义

国际知识产权贸易格局反映了世界创新地理格局。全球价值链与创新链高度相关。鉴于国际知识产权贸易的作用日益突出，本书以知识产权使用费数据为分析对象，从全球视角探讨国际技术贸易活动在较长时间尺度上的格局演变，有助于进一步厘清国际知识产权贸易活动的总体格局和发展趋势，有助于全面了解各国（地区）在国际知识产权贸易体系中的作用和地位以及各国（地区）之间技术相互依存的程度。在此基础上，进一步观察各国（地区）技术创新能力及其变化特征，为我国规划、制定和调整国际知识产权贸易活动战略提供参考。

了解国际知识产权贸易网络的特征和演变，可以提供全球创新地理的清晰图景和知识产权总价值的地图。基于结构属性和节点属性探讨国际知识产权贸易网络的形成机制，有助于国家（地区）和企业认识知识产权贸易的模式和规律。考察各种因素对中国竞争力的协同效应，可以为政府选择合适的贸易伙伴、与其他国家（地区）建立更深、更广的关系开辟新的途径。

第一，基于网络的方法可以直观地描述国际知识产权贸易以及中国的地位和影响力，证明建设知识产权强国战略的重要性。基于时间序列和空间载体，需要从地理的角度来探究整个结构的拓扑特征以及中国的地位。整个国家（地区）和各种类型的企业都应该交易的是更多的无形资产而不是劳动密集型产品，共同攀升全球价值链的顶端。

第二，作为知识产权贸易的理论指导，国际知识产权贸易网络的形成机制值得探索。网络受到内部和外部因素的影响。其中，网络内部的结构关系，以及知识产权贸易网络的节点属性，即国家（地区）的固定或可变的特征，对知识产权贸易网络的形成和演化有一定的影响。

第三，深入理解中国知识产权贸易的影响因素，是知识产权创新思维模式的基础。必须从科学和战略的角度选择合作伙伴，以打破目前的创新格局，使中国在全球更具竞争力。

通过对中国在国际知识产权贸易中的演变、影响因素及其协同效应的实证研究，有助于中国政府更好地认识中国的知识产权竞争力，明确中国的战略伙伴，并采取相应的对策，实现知识产权强国的目标。

1.5.1 理论意义

本书从地理和协同角度对知识产权贸易的现有文献进行补充。此外，本书在网络中对中国在知识产权贸易中的地位及其影响因素进行可视化呈现，并不局限在少数国家（地区）之间建立的双边或多边关系。

1.5.2 现实意义

认清国际知识产权贸易网络和中国在其中的发展演化，对于政府政策的战略布局具有深远的意义，也为企业的长远发展提供了科学依据。知识产权贸易网络的演变呈现出的趋势和模式也具有一定的历史借鉴意义。

1.6 研究范围

本书着眼于提供国际知识产权贸易网络的可视化演进、知识产权贸易网络的形成机制以及中国在国际知识产权贸易中的地位和竞争力提升路径，即影响因素的组态效应，旨在帮助中国政府决策者和企业在了解中国知识产权贸易总体情况的基础上做出更好的决策。本书采用社会网络分析方法描述国际知识产权贸易网络的演化模式，采用指数随机图模型研究国际知识产权贸易网络的形成机制，采用模糊集定性比较分析方法解释中国提高国际知识产权贸易竞争力和地位的影响因素的组态效应。

本书涵盖 1995—2018 年的 66 个国家（地区）知识产权的情况，其中经合组织成员 38 个，非经合组织成员 28 个。鉴于这一范围，本书有十分重要的意义，因为以往关于知识产权的研究较少侧重于知识产权的国际转让。

1.7 术语定义

1.7.1 知识产权

知识产权涵盖的领域包括：版权和相关权利（即表演者、录音制作者和广播组织的权利）；商标，包括服务商标；地理标志，包括原产地名称；工业设计；专利，包括植物新品种的保护；集成电路版图设计；未披露的信息，包括商业秘密和测试数据（TRIPs，1994）。

1.7.2 知识产权使用费

《国际收支和国际投资头寸手册》（BMP 2009）、《国际服务贸易统计手册 2010》（MSITS 2010）和经济分析局（BEA 2022）使用了相同的术语——

知识产权使用费（别处未涵盖），其中包括：

（1）使用专有权利（如专利、商标、版权、工业过程和设计，包括商业秘密、特许权）的费用。这些权利可以产生于研究和开发之中，也可以产生于营销之中。

（2）复制或分发（或两者兼有）包含在制作的原件或原型中的知识产权（如书籍和手稿、计算机软件、电影作品和录音的版权）和相关权利（如现场表演和电视、有线电视或卫星广播）的许可费。

1.7.3 知识产权贸易

知识产权贸易是指以知识产权为标的的跨境（海关或地区）贸易，包括知识产权的许可和转让，即企业、经济组织或个人根据一般经营条件出售或购买知识产权或使用知识产权，如专利、商标、版权和商业秘密的许可和转让等（詹洪海，2009）。

1.7.4 社会网络

“社会网络”被正式定义为由一种或多种类型的关系联系起来的节点（或网络成员）的集合（Wasserman & Faust，1994）。

1.7.5 知识产权贸易网络

基于 Wasserman 和 Faust（1994）对社会网络的定义，知识产权贸易网络可以被定义为由知识产权贸易关系联系起来的国家或地区的集合。

1.8 其他章节的内容

第 2 章为文献综述。

第 3 章构建了理论框架，揭示了变量与假设之间的关系，重点介绍了研究方法，包括研究变量、测量方法和数据。

第 4 章基于社会网络分析，描绘了国际知识产权贸易网络的格局演变，运用指数随机图模型探究了国际知识产权贸易网络的形成机制，识别影响因素，并采用模糊集定性比较分析方法考察了影响中国在国际知识产权贸易网络中地位的五个因素的协同效应。

第 5 章讨论了研究结果并得出了结论。

2 文献综述

2.1 社会网络理论

网络是由节点和边组成的系统，或者是节点之间联系的集合。网络是一个虚拟模型，但节点之间的联系是客观存在的。它源于数学领域的图论，网络是现实的抽象表达。在现实生活中，通过建立研究对象之间的联系，根据联系的存在与否以及联系的强弱来计算拓扑性质和节点特征，可以得出一系列重要结论。网络模型已广泛应用于物理、计算机、通信、军事等领域。

社会网络是社会科学中对网络模型的研究和应用。社会网络分析的先驱来自社会学、社会心理学和人类学。20 世纪 30 年代，社会网络分析被用于对“逃逸女童”的研究（Moreno，1934），并在 20 世纪四五十年代逐渐发展成为系统的社会网络理论。事实上，“社会网络”的概念是人类学家巴恩斯（Barnes，1954）创造的。直到 1988 年，Wellman 才将社会网络分析定义为

“通过直接研究联系模式如何在社会系统中分配资源来考察社会结构的综合范式”（Wellman，1988）。

社会网络不同于复杂网络，虽然两者的数学基础都是以关系矩阵的形式分析由节点和边组成的网络，这使这两种方法在网络类型学和分析思维上具有相似性，然而，复杂网络通常集中于大量复杂的自然科学集成系统。网络规模远大于社会网络规模，关注的是整体层面的性质和特征（郭世泽和陆哲明，2012）。因此，复杂网络的主要理论强调网络的整体特性，如随机网络理论、小世界理论和无标度网络理论。相比之下，社会网络从更微观的角度关注节点之间的关系，关注中心度和结构洞等指标。综上所述，在某些研究中，社会网络与复杂网络相互重叠，具有鲜明的特征，必须根据研究主体和研究对象进行选择。

社会网络具有普遍性和复杂性的双重特征（王宗水等，2015）。关系在人类社会中是普遍存在的，存在于不同的领域和社区，具有不同的类型和形式。毫无疑问，人类社会可以通过社会网络来理解。同时，社会网络是复杂的，关系矩阵中任何节点或边的变化都可能引起整个网络结构的变化。现实生活中的关系在强度、形式、路径、数量、联系等方面更为复杂。主体类型不尽相同，可据此分为双模网络和多模网络。

社会网络理论发展的三个阶段反映了社会网络发展的普遍性和复杂性。在将网络分析引入社会学领域后的第一阶段，主要是用简单数学来分析网络结构，主要是代数和矩阵。第二阶段是建立在数理统计模型的基础上，以 P1 模型的提出和拓展为标志，通过建立指数随机图模型，将关系概率引入社会网络分析中。Barabási 和 Albert（1999）在复杂网络领域进行了开创性的研究后，社会网络理论进入第三阶段（Newman，2010）。借鉴复杂网络的思维模式，由于互联网的繁荣和社会关系的复杂性，社会网络研究转向对复杂网络的分析。

社会网络分析已被应用于亲属关系结构、社会流动、科学引文、异常行为群体成员之间的交往、企业权力、国际贸易剥削、阶级结构等诸多领域。“这不仅仅是为了补充现有的统计和其他数学方法……因此，社会网络分析提供了一种看待旧问题的新方法、一种新的视角，在这种视角下，社会学家自学科建立以来使用的隐喻可以被锻造成强大的理论概念。”（Scott，1988）

2.2 知识产权贸易网络

2.2.1 国际贸易网络

国际贸易是全球政治经济格局的标志，直接反映各国（地区）乃至世界的总体发展趋势。随着经济全球化的不断深入，“轮轴-辐条效应”与“意大利面碗现象”相互作用、相互重叠，呈现出复杂多变的网络演化特征。WTO、OECD 和 UN 的统计数据不能提供对国际贸易格局及其变化的多维视角。基于双边贸易关系的研究远远不足以解释一国（地区）的国际地位及其影响因素，从网络视角研究一国（地区）在整个贸易格局中的地位、关系和演变开始兴起。网络是一个虚拟而客观的系统，反映了事物之间的关系。源于数学中的图论，是对现实世界的抽象表达（许时泽，2019）。通过构建贸易流和有方向的网络来研究各国（地区）之间贸易的强度、结构和路径，是必然的、必要的和现实的。

研究国际贸易网络最常用的方法是社会网络分析。第一批具有代表性的学者是Snyder和Kick（1979），他们根据1965年前后118个国家的贸易数据建立了一个无权国际贸易流网络，提出了世界体系的区块模型，为“核心-半外围-外围”结构提供了有力证据。Smith和White（1992）通过比较1965年、1970年和1980年的数据进一步研究了“核心-外围”结构的演变，得出结论：一国在贸易网络中的地位决定了其在全球分工中的作用，甚至影响了其在全球价值链中的地位。Serrano和Boguñá（2003）及Garlaschelli和Loffredo（2004）发现，世界贸易网络是负向匹配的，具体表现为发生贸易往来的国家多为点度数高的与点度数低的相匹配。Fagiolo等（2010）利用1981—2000年的贸易数据，采用加权网络方法进一步证实了上述发现。

随后，学者们从区域层面和全球层面对各类商品国际贸易网络的类型属性、空间结构、格局演变、影响因素和作用机制进行了各种研究（杨文龙等，2018）。在已有研究中，针对货物贸易的研究远远多于服务贸易，研究的深度与广度也非服务贸易所能及。国际货物贸易往往伴随着产品在空间上发生位移，贸易活动也能被各国海关较为系统地记录下来；而服务贸易活动很大部分并不发生空间移动，也不经过海关，而是通过互联网技术、通信技术等手段实现，统计服务贸易数据的难度远远大于货物贸易。同时，发展中经济体对国际货物贸易的参与程度远远高于国际服务贸易，发达经济体掌握着全球服务业输出的主导权。因此，无论是在全球尺度还是在区域尺度的研究中，国际货物贸易的研究成果都远远多于国际服务贸易。在国际货物贸易方面，除了对货物商品的整体性研究外（Kharrazi et al.，2017；蒋小荣等，2018），还包括原油（孙晓蕾等，2012；刘建，2013）、天然气（刘劲松，2016）、铜矿石（董迪等，2015）、高端制造业（许和连等，2015）、电子信息产业（高菠阳和李俊玮，2017）、健康产业（朱孟钰和庄大昌，2018）、汽车（Blázquez & González-Díaz，2016；郑蕾等，2016）、服装业（Cassi &

Morrison，2009）等诸多产业领域。而在服务贸易领域，相关研究也主要集中在特定行业领域，尤其是海洋运输（Kaluza et al.，2010；范斐等，2015；王列辉等，2018）、技术转移（Shih & Chang，2009；孙玉涛和刘凤朝，2014）、跨境旅行（Lozano & Gutiérrez，2018）、生产服务（陈丽娴和沈鸿，2018）、金融服务（Chinazzi et al.，2013）等领域。

就研究尺度而言，国际货物贸易基于全球尺度的研究占较大比例，而服务贸易网络的全球研究相对较少，且集中在特定的服务部门。在区域选择上，国外学者更倾向于研究欧洲（Schŭtz and Palan，2016；Basile et al.，2018）、亚太地区（Eiichi，2006），国内学者则更关注中国周边区域（王倩等，2017）。随着“一带一路”倡议的提出，对这一区域贸易网络的研究如雨后春笋般出现（邹嘉玲和刘卫东，2016；宋周莺等，2017；李敬等，2017；马远和徐俐俐，2017；杨文龙等，2018）。在全球尺度的研究中，Fagiolo 和 Mastrorillo（2014）研究了全球人口迁移网络如何影响全球贸易网络；Kharrazi 等（2017）通过 1996—2012 年全球商品贸易流量数据构建了全球贸易网络，研究分析了全球贸易网络的结构特征以及网络效率问题，认为提高全球贸易网络效率可以促进经济的可持续增长。赵国钦和万方（2016）结合了社会网络分析方法（QAP）研究了 1995—2013 年世界贸易网络的演化过程，认为 FDI 的差距、地理联系以及经贸组织和协定的关联能够解释 30.3%的国际贸易网络格局；蒋小荣（2018）也从全球贸易网络的空间格局和演化特征入手，研究了中国在网络中的社团归属并得出地缘战略启示，认为发展中经济体兴起促进了全球贸易网络格局日趋多元化。虽然对全球货物贸易网络的研究较多，但从全球尺度对服务贸易进行整体性的研究仍然鲜有涉及。

2.2.2 知识产权贸易网络

令人惊讶的是，除了中国，学术界对知识产权贸易的研究很少，更别说对知识产权贸易网络的研究了。类似的研究包括技术的国际许可（Wilson，1977）、国际技术转让（Contractor & Sagafi-Nejad，1981）、技术流动（Bosworth & Yang，2000）、知识产权密集型商品的国际贸易（Folfas & Andżelika，2013），以及“特许权使用费和许可费的国际收入”（Riker，2014；Tomohara，2019）。“知识产权贸易”一词是中国学者创造和常用的术语（段德忠等，2019；顾晓燕和史新和，2014；李浩，2005）。大部分研究集中在知识产权的发展与测度（李黎明，2016；张晓娜等，2010）、知识产权贸易竞争力（代中强，2007；徐亮等，2021；徐娴丽和李雁玲，2011）、影响因素（顾晓燕和史新和，2014；王江等，2018；王颖和郜志雄，2021）等方面，以及知识产权对经济（顾晓燕和朱玮玮，2022）和技术与创新（马添翼和余昌龙，2016；朱琴和姜彩楼，2016）的影响。

到目前为止，仅有一篇硕士论文（林玲，2021）和一篇期刊论文（王群勇和孟雅婧，2023）探讨了知识产权贸易网络的演化与形成。随着对各种商品和服务国际贸易网络研究兴趣的日益高涨，知识产权贸易网络必将成为一个新的热点话题。这种兴趣也建立在相关领域的基础之上，如创新网络和技术贸易网络。

“创新网络”是 Feldman 提出的创新地理学的最新发展，它研究了创新的地理维度及其在某一地方的组织条件。“地理在创新过程中起着核心作用，但创新本身就是一个地理过程。”（Feldman，1994）社会网络分析为研究创新网络的可视化和机理提供了新的视角和工具；其中一个代表性文献是关于流动发明人和发明人网络对企业间以及城市或各区域内知识传播的贡献的研究。该研究是基于美国发明人在欧洲专利局的药物、生物技术和有机化学领域的专利申请原始数据进行的（Breschi & Lissoni，2009）。

自 Jaffe、Trajtenberg 和 Henderson（1993）做出开创性贡献以来，知识流动和溢出在经济地理学和区域科学领域引起了越来越多的关注（Bathelt & Henn，2014；Cassi et al.，2015；Miguelez & Moreno，2013；Ponds et al.，2007；Quatraro & Usai，2017；Rallet & Torre，1999）。技术进出口可被看作国家间知识流动或转移的一种直接而明确的形式，引起了学者们对国际技术贸易及其网络化特征进行系统研究的兴趣。许多学者将技术贸易定义为专利合作和论文合作，并特别关注共建"一带一路"国家（地区）的技术贸易格局、规模和变化（段德忠等，2019；金卓和杨若愚，2017；吴建南和杨若愚，2016；叶阳平等，2016；张萃和欧阳冬平，2017）。科技合作总体保持增长态势（叶阳平等，2016）。在合作论文方面，中国与发达经济体、中国与共建"一带一路"国家（地区）在数量和研究领域上存在较大差异（吴建南和杨若愚，2016）。

从全球范围看，国际技术贸易活动日益广泛和深入；国际技术贸易网络具有明显的"小世界"和"核心-边缘"结构特征；美国的主导地位依然明显，技术贸易盈利能力最强；中国在技术网络中的地位迅速提升，但技术贸易出口能力有待提高（冯志刚等，2022）。

许多研究依据知识产权进出口额的数据来构建和观察国际技术贸易网络（段德忠等，2019），这也是本书的启发与基础。

2.2.3 知识产权贸易竞争力

由于知识产权在国家战略和国际贸易格局中的重要性，知识产权贸易的竞争力必然成为一个热点问题，尤其是在中国。李浩是最早涉足这一领域的学者之一，他探讨了知识产权贸易对国际贸易和国家竞争优势的影响（李浩，2005）。常用的竞争力定量分析是通过以下指标进行的：CA（竞争优势）、RCA（显示比较优势）、TC（贸易竞争力）、MI（Michaely 指数），NXRCA（净出口显示竞争优势）和 LFI（Lafay 指数）。

2003—2014 年，中国国际知识产权贸易竞争力呈缓慢波动上升趋势（王江等，2018）；2010—2019 年贸易逆差持续增长，竞争力仍相对较弱（徐亮等，2021）。巴西、俄罗斯和印度等新兴经济体缺乏竞争优势（刘强和李本乾，2016），而美国仍处于主导地位（徐娴丽和李雁玲，2011）。Pham 将美国经济中的知识产权密集型产业定义为人均年研发支出高于平均水平的产业。她的研究表明，2000—2007 年，这样的行业其出口额占美国出口总额的近 60%，增强了美国的竞争力（Pham，2010）。

社会网络分析为考察一国（地区）在贸易关系中的地位提供了新的方法和视角，但利用这一工具对国际知识产权贸易竞争力的研究却很少。

2.3 I-CAGE 框架

影响国际贸易或知识产权贸易的因素有很多，采用某种框架进行研究是比较明智的。CAGE 距离框架由著名经济学家 Pankaj Ghemawat 于 2001 年提出，即文化距离、制度或政治距离、地理距离、经济距离，目前已广泛应用于国际贸易和国际管理领域。此外，由于技术创新能力及其在国家或地区间的差异也对国家（地区）之间的知识产权贸易产生重要影响，有必要考虑技术差距理论。因此，本书将采用一种创新的 I-CAGE 框架来考察国际贸易或知识产权贸易的影响因素，其中 I 代表创新或技术差距。

2.3.1 技术差距理论（I）

技术差距理论（Technological Gap Theory，TGT）是 1961 年由美国经济学家 Michael V. Posner 在《国际贸易与技术变化》一文中提出的。在此之前关于要素禀赋对贸易格局影响的讨论大多采用赫克歇尔-俄林模型。该理论认为，技术是独立于劳动和资本的第三种生产要素，且技术水平一直在提高。由于各国（地区）发展水平不同，技术领先国（地区）具有技术比较优势，出口技术密集型产品。但进口国（地区）会模仿进口的技术产品，缩小与出口国（地区）的差距，技术领先国（地区）的比较优势消失，相关技术产品贸易也随之结束。由于技术进步是随着时间的推移而发生的，技术差距理论可以看作赫克歇尔-俄林模型的动态拓展。它的意义在于将技术因素引入国际贸易。技术创新的产生、发展和扩散是国际贸易的主要动因。

Posner 把从新技术产生到国际贸易中止之间的时间间隔称为“模仿时滞”，分为需求时滞、反应时滞和掌握时滞。“需求时滞”是产品问世到进口国（地区）产生需求的时间段，该段时间没有贸易；“反应时滞”是产品问世到进口国（地区）仿制的时间段；“掌握时滞”指进口国从模仿到出口的阶段。知识产权保护可以抑制技术溢出，阻止进口国（地区）的模仿，延长反应时滞，从而拉长出口国（地区）的获利时间；而进口国（地区）则希望通过降低知识产权保护水平来加快技术知识的扩散。这种冲突使不同经济水平的国家（地区）对知识产权的保护不尽相同，造成了贸易摩擦，国际贸易形势愈加复杂。

模仿国（地区）总是希望通过知识产权贸易和加大研发投入来缩短模仿时滞，从而尽快缩短与创新国家（地区）的技术差距，这在一定程度上有利于国际知识产权贸易的发展。但由于技术差距的存在，也会对知识产权国际贸易产生一定的抑制作用。

一方面，创新国家（地区）在技术成果开发上投入了大量的实物资源（包括人力、物力、财力），技术创新投资本质上是一种高风险投资。因此，在国际技术转让过程中，技术成果的价格不应只包括开发过程中所有的实际投资和风险资本及其收益，也应该包括一定比例的技术成果转让后在剩余使用年限内继续为所有者创造的利润。因此，以“专利转让费”或“生产特许权转让费”方式进行的技术成果转让费一般比较昂贵。这在很大程度上制约了技术成果的快速转移。

另一方面，在技术创新完成后，技术创新国家（地区）必然会采取技术垄断、技术封锁等各种措施，率先充分享受技术创新所带来的收益，直到技术创新在某种意义上成为相对成熟的技术，技术创新国家（地区）才可能愿意考虑技术成果的转移。因此，由于技术差距的存在，政府往往会采取各种措施来遏制知识产权国际贸易的发展，如知识产权保护、关税贸易壁垒和非关税贸易壁垒等。

学者们对各国（地区）之间技术创新差距对进出口的影响进行了研究，取得了一些不同的结果。傅帅雄和罗来军（2017）认为技术差距阻碍了两国（地区）之间的进出口，但洪俊杰等（2021）认为技术差距促进了进口。企业往往试图通过增加研发投入来获取出口国（地区）的技术，这最终会抑制从发展中经济体进口知识产权，并在一定程度上抑制发达经济体的知识产权出口，但不明显（王颖和郜志雄，2021）。

2.3.2 CAGE 框架

根据经典的贸易引力模型，经济规模与贸易正相关，距离与贸易负相关。

然而，在国外市场做生意的大部分成本和风险不仅仅是地理上的距离造成的，也有文化、制度或政治以及经济方面的因素，这些因素可以使国外市场的吸引力大大增加或减少。这是 Pankaj Ghemawat 在 2001 年提出的 CAGE 框架（Pankaj，2001）。

文化距离是由宗教信仰、种族、社会规范和语言的差异造成的，这会对贸易产生巨大影响。例如，在其他条件都相同的情况下，共享一种语言的国家（地区）之间的贸易额是没有共同语言的国家（地区）之间贸易额的三倍。

制度或政治距离是由历史和政治关联产生的，如一个国家与其殖民地之间的联系、贸易最惠国协定、共同货币和政治联盟等。除一些明确的行政政策或限制外，目标国家（地区）薄弱的体制基础设施也会抑制跨境经济活动。一个强大和运作良好的法律体系对外商更有吸引力。

地理距离不仅是指国家（地区）之间或其内部物理上有多远的问题，必须考虑的其他属性包括国家（地区）的实际大小、国内到边界的平均距离、通往水路和海洋的通道以及地形。除此之外，还必须考虑到人为的地理属性，其中最显著的是一个国家（地区）的交通和通信基础设施。

经济距离是由消费者财富或收入的差异造成的。相对于其经济规模而言，发达经济体从事的跨境经济活动相对多于发展中经济体。正如人均国内生产总值和贸易流量之间的正相关性所表明的那样，这一活动大部分是与其他发达经济体进行的。发达经济体与发展中经济体的贸易也比发展中经济体之间的贸易更多。

2.4 知识产权贸易网络的影响因素

影响因素是本书的重点。由于对知识产权贸易或知识产权贸易网络的研究较少，本节将主要从 I-CAGE 的五个因素（即创新因素、文化因素、制度因素、地理因素、经济因素）对国际贸易的影响来对现有文献进行综述。

2.4.1 创新因素

专利权因其对创新和技术转移的潜在作用，并影响经济发展前景，成为一个重要的研究对象（Maskus & Yang，2013）。专利影响发展的一个渠道是向内技术转让，这种转让可以通过贸易、外商直接投资和许可证获得。其基本思想来源于 Posner（1961）的技术差距理论和 Vernon（1966）对产品生命周期的解释。

近年来，专利产出与外贸增长的关系成为研究的热点，许多实证研究结论支持专利对出口增长具有促进作用的观点。例如，在一个内生性外商直接投资的南北动态模型中，发展中经济体拥有更强大的专利可以使跨国公司更愿意将生产转移到工资较低的地方，以减少模仿威胁，从而鼓励内向投资（Branstetter et al.，2005；Lai，1998）。Yang 和 Maskus（2001）使用了类似的一般均衡、质量阶梯法，发现如果专利改革通过减少合同中的不对称信息问题来降低技术转让成本，那么许可证的稳定交易也会增加。He 和 Maskus（2012）对北方国家（地区）（即发达经济体）企业在南方国家（地区）（即发展中经济体）出口和参与外商直接投资的溢出效应进行了建模。通过模仿和边做边学，南方企业的生产能力足以创新新产品，并以“反向溢出”的方式将新产品出口回北方，从而完成一个产品周期。

顾晓燕和史新和（2014）指出，知识产权作为知识产权贸易的基础，对出口和经济增长具有显著的正向影响。余长林（2016）利用专利授权量和出口量的时间序列数据对中国技术创新能力与对外贸易的关系进行了实证研究，得出结论：提高中国技术创新能力可以促进对外贸易。韩剑等（2018）在研究专利与服务业国际出口贸易发展的关系时也得出了类似结论：专利产出结果与出口贸易发展呈正相关。

张晓月和袁广（2020）认为，发明专利数量对产业出口规模有正向影响，而商标数量则因“原产国效应”而产生负向影响。对于东道国，王颖和郜志雄（2021）发现吸收能力是否促进知识产权进口取决于东道国的具体情况。

在关税大幅度降低的全球背景下，非关税壁垒由于其隐蔽性而被发达经济体广泛利用。特别是技术性贸易壁垒（Technical Barriers to Trade，TBT）已成为许多国家（地区）保护国际贸易的优先手段（王婉如，2018）。Baldwin 等（2000）建立了一个基准模型，以检验技术性贸易壁垒对企业的固定成本和可变成本以及贸易流量的影响。Bao 和 Qiu（2012）发现，发展中经济体和发达经济体的出口均受到技术性贸易壁垒的抑制，而发达经济体的出口仅受到发达经济体的抑制。基于 2000—2015 年中国制造业 25 个子行业的面板数据，戴魁早和方杰炜（2019）验证了出口贸易壁垒促进中国制造业出口技术复杂性（Export Technological Complexity，ETC），主要是由于外商直接投资增加的传导机制。而进口贸易壁垒由于抑制创新活动和中间产品进口规模，阻碍了出口技术复杂性的推广。王婉如（2018）发现，减少中国与共建“一带一路”国家（地区）之间的技术壁垒对经济和贸易活动都有积极影响，尤其是在技术标准与中国相似的国家（地区），在达成区域贸易协定后，这种影响大幅增加。

基于技术创新的逆向效应，也有文献研究技术贸易壁垒对出口的促进作用。王冠宇等（2021）阐明了技术贸易壁垒对异质性企业出口行为影响的差异。研究发现，技术贸易壁垒的实施会迫使低生产率企业出口产品退出发起方市场，同时也会倒逼高生产率企业提高对发起方的出口产品质量。郑休休等（2022）通过定量分析发现，技术贸易壁垒不会阻碍中国的整体出口；相反，受“优胜劣汰”原则和“产品质量升级”效应的影响，中国出口额、数量在受到冲击后出现了显著的净增长。

此外，知识产权壁垒是另一个引起关注的非关税壁垒。王群艳（2019）认为，在美国对中国出口设置知识产权壁垒后的短期内，技术创新效应引起的出口扩张弱于成本效应引起的抑制，表现出负贸易效应。代中强和蔡华津（2019）利用2000—2015年美国及其48个贸易伙伴的数据发现，美国发起的知识产权调查对美国贸易伙伴的出口具有显著的抑制作用。Li 和 Chen（2020）建立了向量自回归模型（VAR 模型），发现在美国加强知识产权贸易壁垒的同时，中国应加强知识产权保护；此外还表明，中美贸易平衡可能会受到相关影响，并通过长期调整再次实现平衡。

技术标准也会影响创新和国际贸易，包括国家标准和国际标准。国家标准是由国家标准化主管机构批准发布的，仅在某一国家范围内适用的标准。国际标准是由国际组织或某个国家（地区）制定，但是被国际社会广泛采纳或认可的标准。当国家标准在国际贸易中作为共享标准而被广泛认可时，也就成为国际标准（陶爱萍和李丽霞，2013）。一些学者认为，国家标准促进了进出口。Swann 等（1996）首先探讨了标准对贸易的影响，并得出结论，英国标准增加了英国的出口和进口，特别是出口。此外，特殊的英国标准对出口和进口的积极影响强于国际同等标准。

侯俊军等（2015）利用一个拓展的钻石模型分析发现，行业标准化水平、标准化对外开放程度和外资参与标准化水平对提升产业国际竞争力具有积极作用，但标准化对外开放水平的作用存在一定的时滞效应。基于 PLS-SEM 分析方法，蔡海亚和徐盈之（2017）发现标准化水平的提升对贸易发展有直接推动影响，同时借助产业技术进步和市场结构调整等能间接产生更大的贸易效应。董琴（2021）认为技术标准是出口升级的一把“双刃剑”，但总的来说，正面效应大于负面效应。此外，不同技术标准水平和不同类型制造业出口升级存在显著差异。

针对某个国家的标准阻碍进出口，Blind 和 Jungmittag（2005）发现，特殊的国家标准不利于德国的出口，因为德国标准不太适合国外市场。Mangelsdorf（2011）分析了中国与欧盟之间的双边贸易，发现中国专属的国家标准对欧洲出口有负面影响，而欧洲标准对进出口有正面影响。陶爱萍和李丽霞（2013）认为国家标准和进出口之间的关系总体上呈现出倒 U 型的特征。这是因为：先进的国家标准的制定，可以增强本国产品在国际市场的竞争力，并促进国内市场对本国产品的需求，从而在促进产品出口的同时减少进口；当越来越多的国家研制技术标准并在双边或者多边贸易中施行技术标准时，国家标准的推行形成一道无形的进出口技术贸易壁垒，从而在阻碍进口的同时，也限制了出口。

国际标准是国家标准协调和融合的结果，可以通过减少标准差异引起的贸易摩擦促进进出口（陶爱萍和李丽霞，2013）。Moenius（2004）认为共享标准和出口国的国家标准在促进贸易方面有统计上的重要作用。Czubala 等（2009）就欧盟纺织品标准协调进行实证分析，发现国际统一标准对从非洲进口产生了负面影响。与之相反，Portuagal 等（2010）证实了国际统一标准的积极影响和非统一标准对电子产品进口的混合影响。柏慧（2021）分析了标准国际化在中国高技术产品出口中的作用，也得出了类似的结论。Mangelsdorf（2011）也证实，中国国家标准和与国际标准一致的欧洲标准对进出口都有积极影响。宋明顺等（2020）比较了国际标准和国家标准，发现前者在克服贸易壁垒方面表现出更好的效果。

2.4.2 文化因素

衡量文化距离常用的变量是语言和宗教。Dunlevy（2006）、Hanousek 和 Kočenda（2014）使用共同语言作为虚拟变量，发现语言相似性与贸易流量的增加呈正相关。Berthou 和 Ehrhart（2017）发现了贸易溢出效应，即前殖民地与前殖民者的邻国有更多的贸易。Guo（2004）把语言和宗教合成一个文化变量来比较文化对中美贸易的影响。结果表明，语言和宗教因素对中国贸易的影响比对美国更为显著，同时对中美两国的进出口贸易也产生了不同程度的影响。文化相似性不仅仅是共同语言和宗教所隐含的文化了解和接受，还需要共同的规范和价值观（Linders et al.，2005）。因此，目前的研究主要集中在文化距离而不是文化熟悉度上，主要从两个方面来研究文化距离与贸易流之间的关系。

第一个是交易成本。一方面，较大的文化距离通常反映了信息不对称（Tadesse et al.，2017）和复杂的沟通成本（Parkhe，1991），因此，难以在合同中形成关系或信任（Cyrus，2015；Guiso et al.，2009），这导致国际贸易中的不确定性和交易成本较高，交易从而受到阻碍（Turco & Maggioni，2016；White & Tadesse，2008）。因此，文化相似的国家更愿意彼此进行贸易（Brakman et al.，1999；Hofstede，1983）。基于世界价值观调查（WVS）和欧洲价值观调查（EVS）的数据，Tadesse 和 White（2010）的研究指出较大的文化距离与经合组织国家的贸易流量（出口和进口）减少有关。另一方面，Linders 等（2005）观察到了文化距离的积极影响，他们在 Hofstede 指数（Hofstede，2001）的基础上构建了文化距离，因为东道国生产成本随着文化距离的增加而增加，导致企业更倾向于贸易而不是在东道国进行生产。此外，较大的文化距离中隐含着比较优势，从而带来更多的生产专业化机会（Möhlmann et al.，2010）。然而，Möhlmann 等（2010）发现，即使基于 Hofstede（2001）成熟的文化框架，也没有证据表明文化距离对贸易有显著影响。Tadesse 等（2017）基于世界价值观调查的数据测算认为，与其他国家相比，中国与其贸易伙伴之间的文化距离对中国出口和进口的影响要小得多，甚至没有影响。

第二个是偏好。贸易伙伴之间的文化距离反映了一国（地区）产品对另一国（地区）消费者的吸引力（Dubois et al.，2014）。一方面，文化可以通过偏好扩散影响外国消费者的需求（Chang & Lee，2007）。文化距离促进了国际贸易，因为在不同文化区域生产的各种产品满足了不同文化背景下顾客的偏好。另一方面，由于消费习惯的持续性，消费者可能对国内产品有本土偏好（Combes et al.，2005）。林德的“重叠需求理论”认为，各国（地区）消费者偏好越相似，需求重叠越大，则进行贸易的可能性越大。因此，文化相似性通过降低渗透成本有利于出口（Turco & Maggioni，2016）。

学者们也对文化距离对贸易网络的影响进行了研究。例如，种照辉和覃成林（2017）发现以共同语言为变量的文化差异对贸易网络的形成有显著影响。杨文龙等（2018）也得出结论，在共建“一带一路”国家（地区）贸易网络中，科研邻近和语言邻近是重要的推动力。此外，人的因素也不容忽视，因为人是在国家（地区）间互相流动的。Tie 和 Meng（2019）证明了这样一个假设，即移民网络增加了通过促进国际贸易形成的自由贸易协定数量，并遵循边际递减规律。

2.4.3 制度因素

制度因素，如政治机构、政府支出、基础设施和贸易政策（包括贸易便利化和贸易壁垒），都会影响国际贸易流动。

国家治理水平可以通过 Kaufmann 等（2003）的治理质量指标（Globerman & Shapiro，2003）来评估。Kaufmann 等对来自美国商业环境风险评估公司（BERI）、欧洲货币机构投资者有限公司（Euromoney）和世界银行等 18 个组织构建的 25 个数据源中衡量治理感知的数百个变量进行非观察性成分分析，确定了各国（地区）之间存在差异的治理基础设施质量的六个维度，即：

（1）发言权和问责制：反映一国（地区）公民能够在多大程度上参与政府的决策，以及政府受到监测和对其行动负责的程度。

（2）政治稳定：衡量一国（地区）政府通过违宪干涉，如国内暴乱或恐怖主义，被推翻的可能性。

（3）政府效能：反映政府制定和实施良好政策、提供公共物品的能力。它侧重于提供公共服务的质量、官僚机构的质量、公务员的能力以及政府对政策承诺的可信度。

（4）监管质量：衡量实际政策的质量，如对外贸易的监管程度、对市场不友好政策的发生率等。

（5）法治：衡量一国（地区）公民对法律的信任程度和遵守社会规则的程度。它侧重于法律制度的质量和合同的可执行性。

（6）控制腐败：反映公共权力为私人利益而行使的程度。

首先，一个国家（地区）政府机构的质量，如其实施法治的法律制度和实施经济政策的立法机构，在很大程度上决定了贸易的安全。一个国家（地区）

正式规则的有效性影响着人与人间的信任和交易的方式。拥有高质量机构的高收入国家（地区）之间的贸易量很大，而腐败和不完善的合同执行则会大大减少国际贸易（Anderson & Marcouiller，2002）。各国（地区）对财产权的执行和与外国出口商贸易合同的遵守情况差别很大（Zhang et al.，2003），环境的不确定性也可能导致贸易伙伴之间的摩擦和冲突（Achrol et al.，1983；Skarmeas et al.，2002）。由于国际交易跨越管辖边界，在国际环境下执行贸易合同比在国内环境下更为困难（Rodrik，2000）。欠发达的制度会给私人交易带来负外部性，增加交易成本，从而减少国际贸易（Wei，2000）。如果贸易得到有效的法治支持，如果政府监管透明和公正，各国（地区）就会参与更多的贸易往来（Anderson & Marcouiller，2002；Jansen & Nordås，2004）。可以说，进口国和出口国机构的质量水平对它们之间的贸易额有积极影响。

此外，除了制度本身，双边制度的差异也会影响贸易成本。例如，一家企业向外国出口，若该国体制与母国的体制相当，就可能更好地在该国有效运作，不会因对贸易突发事件的不熟悉和无把握而产生巨大的调整成本。De Groot 等（2004）分析了 1998 年 100 多个国家（地区）之间的双边贸易流样本，还包括一个表明贸易国的治理水平是否相似的虚拟变量。结果表明，治理水平相当的国家一般贸易相对较多。因此，国家（地区）间的制度距离对双边贸易流动有负面影响。

现有文献充分论证了知识产权保护与贸易相关，也就是说，贸易国的知识产权政策影响贸易模式和贸易量（Ivus，2010，2015；Maskus & Penubarti，1995），但较强的知识产权是否会刺激或阻碍国际贸易一直以来引发了很多讨论和争议。Geng 和 Saggi（2022）认为在纳什均衡中，每个国家都给予本国企业专利保护，而主要出于利润考虑拒绝给予外国企业专利保护。专利保护的贸易效应也可能因贸易伙伴国家的产品部门和经济发展水平而异

（Maskus & Penubarti，1995；Smith，1999；王颖和郜志雄，2021）。Awokuse和Yin（2010）的实证研究表明：知识产权保护的加强刺激了中国的进口，特别是知识密集型产品的进口。魏浩和李晓庆（2015）运用聚类分析的最优分割法对有序商品进行分类，将进口产品分为低技术、中低技术、中等技术、中高技术以及高技术商品，发现中国的知识产权保护力度对高技术商品、中低技术商品和低技术商品的影响显著为正。

学者们还分别研究了知识产权保护与进口和知识产权保护与出口的关系。Maskus和Penubarti（1995）指出增加专利保护对制造业向小型和大型经济体的双边进口都有积极影响。关娇娇（2021）分析了2007—2016年中国各省份的面板数据，认为知识产权保护可以通过市场扩张效应促进进口贸易的发展。关于出口，Ivus（2010）的结论是，发展中经济体专利权的加强使发达经济体对18个发展中经济体的专利敏感产品出口增加了约350亿美元，对严重依赖专利保护的行业影响最大有医药产品和专业科学设备等。郭小东和吴宗书（2014）对2006—2010年美国面板数据进行实证分析，发现进口国知识产权保护力度越强，美国创意产品出口越不受模仿威胁。郎丽华和袁晓晖（2021）分析了双向知识产权保护对中国出口产品的品种、价格和数量的影响，发现中国及其贸易伙伴加强知识产权保护可以增加中国对发展中经济体的出口品种。

许多学者也探讨了知识产权对出口的负面影响。例如，顾晓燕和史新和（2014）利用中国东部、中部和西部的省级面板数据发现，知识产权保护水平对知识产权贸易出口具有显著的负面影响。王黎萤等（2021）的实证研究表明，加强自由贸易协定（FTA）中关于知识产权保护的规定并没有像发达经济体那样改善发展中经济体的出口贸易结构。

随着经济全球化的发展，除了政治体制外，国际贸易中的交通和通信基础设施的作用也日益突出。Koczan 和 Plekhanov（2013）发现，改善硬基础设施对特定国家贸易流动的影响随着贸易伙伴基础设施的质量提高而扩大。鲁晓东和连玉君（2011）也得出结论，政府支出和基础设施可以促进东道国的出口。交通基础设施对共建“一带一路”国家（地区）双边贸易的影响比耗电量大（章秀琴和余长婧，2019）。当交通基础设施发展到一定水平时，通信基础设施的重要性逐渐凸显；不同收入水平国家（地区）的基础设施需求也不同（张鹏飞，2018）。

Wilson 等（2004）给贸易便利化下了一个宽泛的定义，他们通过引力模型发现随着贸易便利化措施的改进，包括港口效率、海关环境、监管环境和服务业基础设施，一国（地区）和世界的进出口都将增加。贸易的最大增长来自服务部门的基础设施和港口效率的改善。共建“一带一路”国家（地区）贸易便利化水平的提高也对中国出口产生了显著影响。一个国家（地区）的开放度越高，其产生的积极影响就越大（范秋芳等，2019；林琦和欧思歆，2018）。在贸易壁垒方面，非关税壁垒对双边贸易的制约大于关税壁垒（吴新生和梁琦，2017）的制约。

令人惊讶的是，国际贸易方面的经济学家对自由贸易协定对双边贸易影响的定量分析实际上几乎没有可靠的实证支持，而且结果有好有坏。诺贝尔奖获得者 Jan Tinbergen（1962）是第一个使用国际贸易流量引力方程的人。他的研究结果表明，自由贸易协定对贸易流量的“平均处理效应”在经济上微不足道；Bergstrand（1985）和 Frankel 等（1995）也发现其具有不显著的影响。然而，其他一些学者发现，欧洲共同体（EC）对成员之间的贸易流动具有经济和统计上的显著影响，如 Aitken（1973）、Abrams（1980）、Brada 和 Mendez（1985）。Frankel 等（1997）发现南方共同市场（Mersosur）起到了显著的积极影响，安第斯共同体的影响不显著，而在某些年份加入欧共体则产生了显著的负面影响。Baier 和 Bergstrand（2007）从计量经济学角度解释了自由贸易协定变量的内生性，并发现自由贸易协定在10年后使某些成员的双边贸易翻了一番。谭秀杰和周茂荣（2015）使用随机前沿引力模型分析共建“海上丝绸之路”国家（地区）贸易效率的外生决定因素，指出中国应加快区域经济一体化进程，降低关税和非关税壁垒，提高贸易便利化水平。虽然签署自由贸易协定可以降低贸易关税（顾威，2017），但由于拥有自由贸易协定的成员在中国总贸易额中所占比例较小，因此这暂时不是中国贸易潜力的主要影响因素（孙金彦和刘海云，2016）。

2.4.4 地理因素

Barigozzi 等（2011）的研究强化了用标准重力方程进行的贸易实证。Fagiolo（2010）提出的传统观点强调了地理距离在双边贸易流中的重要性。之后，Riccaboni 等（2013）发现与数字服务贸易相比，距离在形成有形商品国际贸易网络方面发挥着更为突出的作用。共建“一带一路”国家（地区）之间的双边贸易也是如此（梁琦和吴新生，2016）。共同的边境线促进了中国对其他国家（地区）的出口，而中国与其他国家（地区）城市之间的直线距离增加了贸易成本，尤其是运输成本（孙金彦和刘海云，2016）。距离每增加 1%，中国与前十大贸易伙伴的双边贸易成本就增加 0. 5402%（康晓玲和张莹，2016）。Feyrer（2021）将 1967—1975 年苏伊士运河关闭作为一项自然实验，考察了距离对贸易的影响，并发现苏伊士运河关闭后贸易增长较慢以及重新开放后贸易增长迅速，距离对贸易产生了较大的冲击。

在文化贸易方面，方英和马芮（2018）认为地理距离会增加签订和履行合同的成本，因此地理距离对文化贸易的发展具有抑制作用；然而，周升起和李蕴鸿（2023）认为，由于信息技术的发展、运输成本的降低等，地理距离与中国的文化出口显著正相关。

2.4.5 经济因素

贸易增长有一种解释是，当经济体规模变得更加相似时，世界贸易就会增加（Elhanan，1987；Feenstra，1998）。基于引力模型的实证结果表明，经济规模促进了中国与共建“一带一路”国家（地区）的双边贸易流动（廖泽芳等，2017）。经济发展水平是影响中国对外贸易的主要因素（张莞洺和张珊珊，2020）。中国继续扩大对共建“一带一路”国家（地区）的出口贸易，出口效率的提高主要得益于贸易双方人均 GDP 的增长和人口规模的扩大（廖泽芳等，2017；张艳艳和印梅，2018）；中国 GDP 每增长 1%，中国对共建“一带一路”国家（地区）的出口量就增长 5.3%，总贸易量增长 3.24%（孙金彦和刘海云，2016）。

企业从收入较高的国家（地区）向经济水平相近的国家（地区）扩张，容易复制现有的成功模式和产品结构，以更好地转移母国的核心竞争力；但在向经济水平差异过大的国家（地区）扩张时，面临着消费水平差异过大，会导致消费水平狭窄，难以获得预期收获。鲁晓东和连玉君（2011）发现，外商直接投资在一定程度上可以促进出口，但可能增强其波动性。

就知识产权贸易而言，有学者认为，当贸易双方的经济距离较大时，消费者需求缺口也较大，因此经济距离与知识产权进出口显著负相关（车南林和唐耕砚，2020）；其他学者认为，在经济全球化背景下，经济距离很难直接对知识产权贸易产生显著影响，只能通过规制产生间接影响（周升起和李蕴鸿，2022）。

2.5 总结

现有文献以贸易理论为基础，从多方面考虑和分析了影响国际贸易的因素。社会网络理论为解释国际贸易现象增加了地理学和社会学的视角。学者们在构建和探索不同商品或贸易总体网络方面做出了许多贡献。此外，知识产权与国际贸易的关系也备受关注。然而，知识产权贸易和知识产权贸易网络是一个相对较新的课题，对其影响因素的研究较少。因此，本书基于社会网络理论和创新的 I-CAGE 框架对相关文献进行综述，以识别知识产权贸易网络可能的影响因素。

3 研究方法

本章阐述了本书的研究框架、研究假设、变量选择与数据来源，以及模型构建与数据分析方法。

本书运用定量分析和定性分析相结合的方法，探讨如何在网络环境下提升中国在国际知识产权贸易中的地位和竞争力。首先描述中国在国际知识产权贸易网络（IPTN）演进中的发展和地位，其次考察国际知识产权贸易网络的影响因素，最后确定影响因素与中国在国际知识产权贸易网络中的地位之间的复杂因果关系。

3.1 理论框架

本书将分析影响中国与其他国家（地区）在知识产权贸易网络中进出口的因素，并提出提升中国在国际知识产权贸易网络中节点地位的路径。在第 2 章提出和评述的创新性的 I-CAGE（创新、文化、制度、地理和经济）框架下，以社会网络分析为基础，拓展对多因素的定性分析，构建了研究概念框架。

3.1.1 研究框架

基于问题陈述和研究问题，本书将关注三个相互关联的问题：

（1）知识产权贸易网络的总体特征、演进趋势以及中国在其中的地位是什么？

（2）网络自组织结构、节点属性（创新、制度和经济）和外部网络（文化距离和地理距离）如何影响知识产权贸易网络的形成和特征？

（3）节点相关因素（创新因素、文化因素、制度因素、地理因素和经济因素）的组态效应如何影响中国在知识产权进出口贸易网络中的地位？

如图 3.1 所示，本书遵循基于社会网络分析（SNA）、指数随机图模型（ERGM）和模糊集定性比较分析（fsQCA）方法的“演化特征—形成机制—改进路径”逻辑，层层推进，就像剥洋葱。

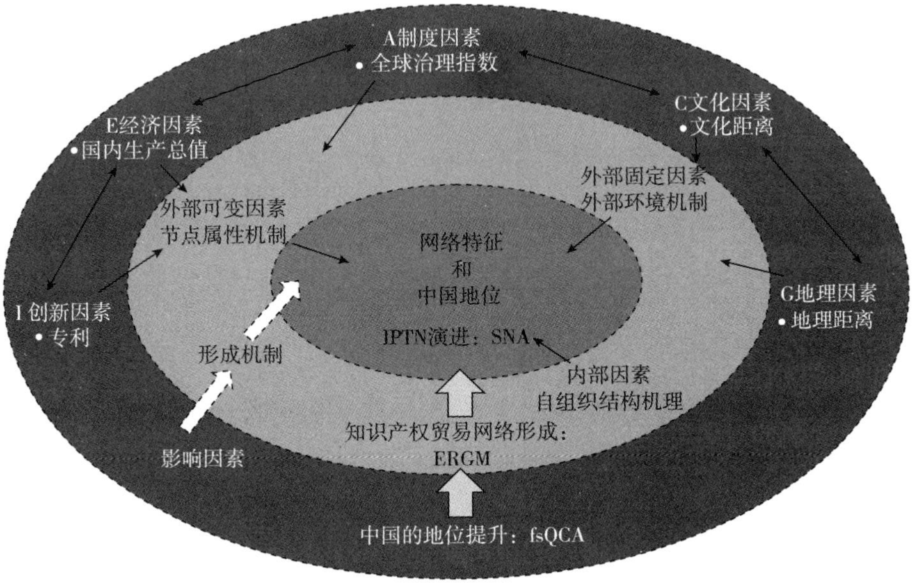

图 3.1 本书的理论框架

第一，通过分析1995—2018年国际知识产权贸易网络的演变和总体特征，从网络的角度描述中国在国际知识产权贸易中的地位。使用经济合作与发展组织（OECD）数据库提供的知识产权使用费数据建立国际知识产权贸易网络。社会网络分析方法（SNA）将提供度中心度、中心势、密度、平均聚类系数和平均路径长度等指标。结合对国际知识产权贸易总量和增长率变化的分析，探讨中国在国际知识产权贸易网络演进中的地位。

第二，分析知识产权贸易网络的形成机制，旨在探究整个网络的影响因素。从网络自组织结构机制、节点属性机制和外部网络机制三个方面对其形成机制进行解释，并通过指数随机图模型（ERGM），即社会网络分析（SNA）的回归分析，对其进行验证。网络自组织结构机制利用互惠性、积极性、流行性、多连通性和传递性等指标考察网络内部因素。节点属性机制考察了创新、制度和经济变量的同配性和异质性。外部网络机制关注文化和地理两个固定因素，其构成的网络可能会影响知识产权贸易网络的形成。

第三，运用模糊集定性比较分析法（fsQCA）分析可变因素和固定因素如何协同影响中国知识产权进出口的地位。该方法摒弃了单一变量的“净效应”，基于整体视角和组态思维来看待社会现象和问题。也就是说，通过考察创新、文化、制度、地理和经济五个影响因素的协同效应，寻找提升中国在知识产权贸易网络中地位的不同路径，为中国知识产权进出口的发展提供一些启示。

下面将逐一剥“洋葱”，一层一层进行说明。

3.1.2 知识产权贸易网络及其特征的理论分析

第一层也就是核心层，是基于社会网络分析的知识产权贸易网络的总体特征、演进趋势和中国在其中的地位。

贸易总额可以衡量一个国家（地区）的对外开放程度，但不能描述其在国际贸易网络中的地位。一个国家（地区）的贸易地位不仅取决于贸易总额，而且取决于贸易总额的分布。因此，必须考虑该国（地区）与其所有贸易伙伴之间的关系。运用社会网络分析方法研究国际贸易，不仅可以描述世界各国（地区）的贸易伙伴数量、贸易强度、贸易分散度和集中度，而且可以描述整个国际贸易的格局，如总体网络密度、核心-外围结构等。

社会网络分析方法可以可视化研究对象之间的复杂关系。由节点关系形成的指标可以方便地计算和评估拓扑属性和空间结构，如度中心性和中心势（Scott，2011）。本书采用社会网络分析方法构建国际知识产权贸易网络（IIPTN），分析其拓扑性质和结构演化规律，直观地呈现和解读国际知识产权贸易，并从网络视角描述中国在国际知识产权贸易演化中的地位。在知识产权贸易网络中，节点代表国家（地区），边代表国家（地区）之间的知识产权贸易关系；边的方向表示进出口关系，贸易量可以通过边的厚度作为权重来反映。

可以用图论角度表示为 IPTN =（V，E，A，W），其中，V 为节点集合，即国家（地区）集合；E 为边集合，即国家（地区）间知识产权贸易进/出口关系集合，连边方向为由知识产权贸易出口国（地区）指向进口国家（地区）（遵从贸易流动方向）；$A=(a_{ij})_{n\times n}$，为邻接矩阵，其中 n 为网络中国家（地区）数量，a_{ij} 表示国家（地区）i、j 间的知识产权贸易进/出口关系，若国家（地区）i、j 间有边相连，则 $a_{ij}=1$，否则 $a_{ij}=0$；$W=(w_{ij})_{n\times n}$，为权重矩阵，w_{ij} 为连边 a_{ij} 上的权重，即国家（地区）i、j 之间的知识产权贸易进/出口金额。定义知识产权贸易网络为有向加权网络，按网络的方向性将其分为知识产权贸易整体网络（IPTN）、知识产权贸易出口网络（$IPTN_1$）和知识产权贸易进口网络（$IPTN_0$）。

网络中任意节点国家（地区）i 均存在以下两项指标：

（1）度：表征国家（地区）i 的知识产权贸易进/出口国家（地区）总数量。

$$D_i = \sum_{(V_i, V_j) \in E} a_{ij}$$

（2）加权度：表征国家（地区）i 的知识产权贸易进/出口总金额。

$$W_i = \sum_{(V_i, V_j) \in E} w_{ij}$$

在 $IPTN_1$ 中，国家（地区）节点大小与加权出度成正比，反映各国（地区）的知识产权贸易出口情况。网络中任意节点国家（地区）i 均存在以下两项指标：

（1）点出度：表征国家（地区）i 的知识产权贸易出口国家（地区）总数量。

$$D_{O_i} = \sum_{(V_i, V_j) \in E} a_{i \to j}$$

（2）加权出度：表征国家（地区）i 的知识产权贸易出口总金额。

$$W_{O_i} = \sum_{(V_i, V_j) \in E} w_{i \to j}$$

在 $IPTN_0$ 中，国家（地区）节点大小与加权入度成正比，反映各国（地区）的知识产权贸易进口情况。网络中任意节点国家（地区）i 均存在以下两项指标：

（1）点入度：表征国家（地区）i 的知识产权贸易进口国家（地区）总数量。

$$D_{I_i} = \sum_{(V_i, V_j) \in E} a_{j \to i}$$

（2）加权入度：表征国家（地区）i 的知识产权贸易进口总金额。

$$W_{I_i} = \sum_{(V_i, V_j) \in E} w_{j \to i}$$

本书还需用到以下网络分析指标：

（1）网络密度：指网络中实际存在的关系数与理论最大关系数的比值，用于衡量网络节点间关系的紧密程度。IPTN 为有向网络，网络密度 $D=\frac{l}{n(n-1)}$，其中 l 为国家（地区）间实际存在的知识产权贸易进/出口关系总数目，n 为国家（地区）数量。

（2）中心势：分为中心出势和中心入势，测量的是一个在多大程度上、围绕某个或某些特殊点建构起来的图，用来刻画网络的集中程度。公式为：

$$C=\frac{\sum_{i=1}^{n} C_{\max}-C_i}{\max[\sum_{i=1}^{n} C_{\max}-C_i]}$$

其中，$C_{\max}$ 指图中最大中心度的值，C_i 为其他点的中心度，max 表示理论上各个差值总和的最大可能值，中心势指数是对群体权力的量化分析指标，其值并不是反映点的相对重要性，而是反映图的总体整合度或一致性。

（3）平均聚类系数：指网络中每个节点的邻接节点之间实际存在的边数与理论最大边数比值的平均值，用于衡量网络的聚集情况。

$$C=\frac{1}{n}\sum_{i=1}^{n}\frac{2l_i}{m_i(m_i-1)}$$

其中，m_i 为节点国家（地区）i 的相邻节点国家（地区）数量，l_i 为 m_i 个相邻节点国家（地区）间的知识产权贸易进/出口关系总数目。

（4）平均路径长度：指网络中任意两节点间最短距离的平均值。

$$L=\frac{1}{\frac{1}{2}n(n-1)}\sum_{i>j} d_{ij}$$

其中，d_{ij} 为节点国家（地区）i、j 间的最短路径长度。

3.1.3 知识产权贸易网络形成机制的理论分析

贸易网络形成和演变背后的驱动力包括外生机制和内生机制（Lusher et al.，2013）。“洋葱”的第二层分析国际知识产权贸易网络的形成机制，即识别国际知识产权贸易网络的影响因素。根据网络的相关研究，网络的形成通常受到内生的网络自组织结构机制、外生的节点属性机制和外部环境网络机制的影响，这些因素可以通过研究网络结构的指数随机图模型（ERGM）来量化。关键的问题是要决定选择哪些内部因素和外部因素。

本书基于前人对国际贸易网络的研究（和聪贤，2022；林玲，2021）和I-CAGE 框架，构建了知识产权贸易网络的理论形成机制，如图 3.2 所示。

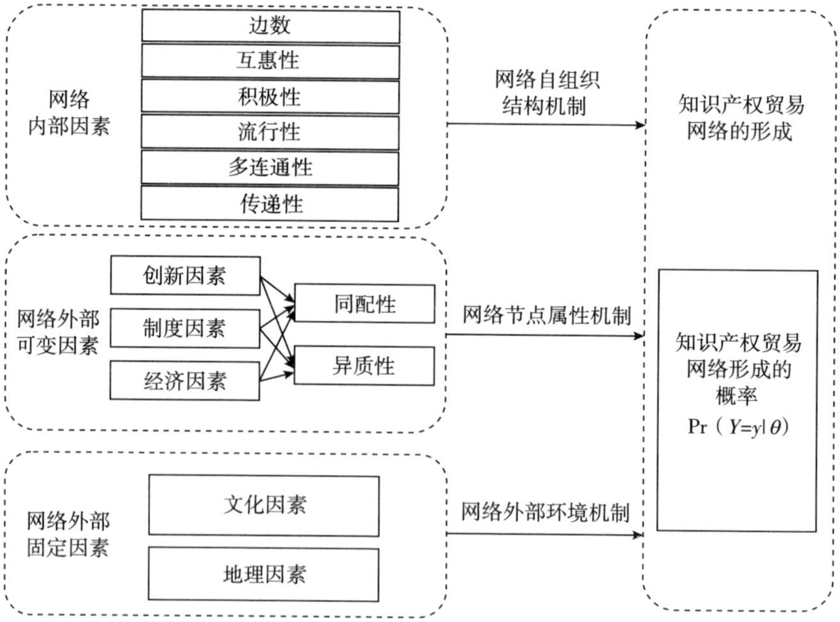

图 3.2 知识产权贸易网络形成机制的理论分析框架

3.1.3.1 网络自组织结构机制

国际贸易表现出网络依赖性（Ward et al.，2013）。这意味着知识产权贸易网络的增长具有内生结构效应，即自组织。具体而言，国际贸易决策存在结构性依赖，参与者的贸易关系受到同一网络中其他贸易关系的影响（刘林青等，2020）。如图3.3所示，自组织结构机制可分为五种，即互惠性、积极性、流行性、多连通性和传递性（杨文龙等，2022；和聪贤，2022）。

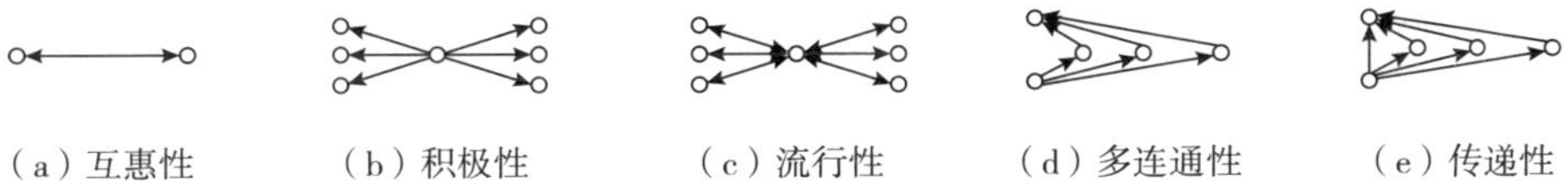

图3.3 自组织结构嵌套模型

（1）互惠性［见图3.3（a）］。互惠结构是指网络中的双向流动，即国家（地区）之间同时存在进出口贸易关系。互惠性越高，贸易网络中会有越多的国家倾向于进行双向贸易流动，这意味着国家（地区）的市场地位越平等。具体而言，跨国公司作为国际贸易网络的主要参与者，积极利用其先进的技术、品牌、产品差异化、管理和广告技巧来扩大市场份额，并通过高度差异化的产品渗透彼此的本地市场。然而，跨国公司的进入也会对国际市场产生破坏性影响，威胁到本土企业的市场地位。为了确保自身的竞争地位，从大规模经营中获取优势，本土企业有动力像跨国公司一样在其他国家（地区）进行竞争性扩张。许和连等（2015）认为，互惠是各国（地区）普遍遵循的一种国际贸易模式。Lozano 和 Gutiérrez（2018）认为，国际贸易网络具有无标度和互惠的结构特征。互惠是一国（地区）对外经济合作的主要战略，也是各国（地区）遵循的贸易原则。跨国公司在国际市场的扩张和渗透与本土企业的逆向竞争也将形成互惠关系（刘林青等，2020）。可以看出，互惠作为主要的内生网络结构，促进了贸易网络的形成和演化，促进了高质量贸易关系的发展。

（2）积极性［见图3.3（b）］。积极性是指一国（地区）出口目的地具有多样性，即网络受到高出度中心度国家（地区）的影响。一些国家（地区）提倡以出口为导向的经济发展模式，通过提高商品的国际竞争力来扩大商品出口规模，旨在通过有竞争力的出口占领世界市场。在知识产权贸易网络中，美国、日本、德国等少数国家以其领先的技术优势成为知识产权出口网络的中心节点。

（3）流行性［见图3.3（c）］。流行性是指一个国家（地区）进口来源具有多样性，即网络受到高入度中心度国家（地区）的影响。由于可信度和声望等因素，在世界贸易网络中“受欢迎”的国家（地区）可能会吸引更多的国家（地区）与之进行贸易活动。直观地说，世界贸易体系中存在明显的网络关系指向一些高度中心节点的状态。一些国家（地区）特别是那些庞大而有利可图的消费驱动型经济体将成为国际体系中其他国家（地区）的热门出口目的地（Pan，2018）。

上述积极性和流行性在已有文献中也被称为“马太效应”或“偏好链接”，指的是少量具有大量边的富节点之间倾向于相互连接。Fagiolo 等（2010）以无向加权的国际贸易网络为分析对象，指出贸易联系的强弱分布十分明显。陈银飞（2011）表明，贸易网络存在核心国家（地区）变动及“马太效应”。杨文龙等（2018）采用幂函数对“一带一路”贸易网络进行拟合，得到度相关系数 $R^2=0.97$，这说明该网络结构符合典型的长尾分布及遵从无标度特征，即高加权度的节点占少数、低加权度的节点占多数。然而，多数现有文献为描述性分析或可视化分析，缺乏更为充足的数据支持和统计推断。

（4）多连通性［见图 3.3（d）］和传递性［见图 3.3（e）］。多连通性即几何加权二元组伙伴分布，主要指两个节点不直接连接，而是依赖于中间节点实现间接依赖关系；传递性即几何加权共享伙伴分布，是在二元组伙伴基础上增加一条直接连接的依赖关系，进而形成传递闭合的三元组，是指与同一第三方有贸易关系的两个国家（地区）相互之间具有较强的贸易趋势，能使双边贸易获得协同效应（Cranmer et al.，2012），即“朋友的朋友是朋友”。当多连通性指数为负且传递性指数为正时，意味着网络具有循环闭合性，表示的是网络中各国（地区）以群体形式展开贸易的倾向。

国际贸易网络由几个紧密相连的贸易子网络组成。此外，随着区域贸易协定的激增，贸易集团的许多重叠子集也存在。鉴于此，从网络理论中得出的基本网络结构称为“三元闭合”，它由三个构成主要三角形贸易关系的参与者组成，是更复杂集群的基本构件。国家（地区）形成“三元闭合”以从贸易网络中获得额外收益。国家（地区）通过与三个及以上国家（地区）形成贸易关联获得协同效应意味着三个及以上国家（地区）之间贸易关系的效用将大于其二元关系的总和。这种群体协作也会带来更多专业化机会、更高技术转让机会和更高效资源分配。另外，跨国公司形成的复杂网络一直协调着全球供应链和商品链。当两个国家（地区）嵌入第三国（地区）的跨国公司网络时，其商品贸易概率和规模也将进一步提升。

更重要的是，当今全球化的一个显著特征是生产过程日益分散和全球供应链急剧扩张。全球生产网络的核心是跨国公司，全球供应链的正常运作在很大程度上取决于所涉国家（地区）的合作与协调，严重限制了政府的政策自由裁量权。例如，Dorussen 和 Ward（2010）的研究表明，当各国（地区）更多地嵌入到贸易网络时各国（地区）之间不太可能发生冲突。Johns 和 Wellhausen（2016）的研究表明，东道国政府通过供应链与东道国企业紧密联系时不太可能剥夺外国企业的资格。换句话说，当两个国家融入由第三国领先的跨国公司协调的相同全球生产网络时，网络的风险缓解效应被放大。例如，A 国和 B 国的公司作为上游供应商或下游客户与来自 C 国的跨国公司的外国子公司相关联，在这种情况下三个国家都有强烈的动机来确保网络的良好运作以获得经济利益，因此不太可能从事机会主义或掠夺性行为。因此，A 国和 B 国的公司也更有可能相互进行国际贸易活动，即“朋友的朋友是朋友”。

3.1.3.2 网络节点属性机制

在复杂网络和社会网络理论中，个体或节点的要素丰裕程度、潜能和气质对关系形成具有重要影响（Kilduff et al.，2008）。同样，一个国家（地区）自身的资源禀赋、经济发展水平、政治文化特征也会对知识产权网络关系的形成产生影响。这些国家（地区）特征的测量被称为“行动者属性”或“节点属性”。ERGM 也可称为“行动者-关系效应”（Lusher et al.，2013），表明国家（地区）属性影响关系形成的倾向，在本书中指的是“特定国家（地区）属性特征与知识产权贸易的关系”。换言之，一个国家（地区）自身的经济发展水平、科技创新水平、资源禀赋等属性都会影响知识产权贸易网络的形成。

节点属性机制在国际贸易网络中也被称为国家（地区）选择偏好。有研究表明，国家（地区）倾向选择地理邻近、制度趋同、文化相似、优势互补的贸易伙伴（杨文龙等，2021）。由于知识产权贸易关系涉及双方，因此双方的属性异同在知识产权贸易网络的形成中也起作用，如经济水平均较高的国家（地区），因为其经济属性的匹配而倾向形成知识产权贸易关系的过程被称为“同配性”；由于双方属性的差异形成互补，进而促进知识产权贸易关系的形成，该过程可称为“异质性”（见图 3.4）。

图 3.4 国家（地区）偏好嵌套模型

注：黑色节点表示具有特定属性的国家（地区），而白色节点表示没有此类属性的国家（地区），箭头方向表示贸易流向。

（1）同配性［见图 3.4（a）］。同配性类似于“物以类聚，人以群分”。例如，经济水平较高的国家（地区）由于其经济属性的匹配，往往形成知识产权贸易关系。Mendonça 等（2014）认为，制度环境趋同既会降低信息收集成本和交易成本，也会降低执行契约的分歧，减少贸易纠纷。

（2）异质性［见图 3.4（b）］。异质性表示存在差异的国家（地区）间具有贸易联系倾向，其通过需求偏好和交易成本影响商品贸易。经济差距是影响双边贸易的基本因素。经济差异越大，国家（地区）间的生产成本和需求偏好差异越大；贸易空间越大，但也存在文化壁垒和需求壁垒（刘德学和孙博文，2019）。

一个国家（地区）的经济规模、收入水平等属性，是促进国家（地区）技术水平和生产能力提升以及海外市场拓展的重要依据，是促进商品进出口增长的关键因素。国民收入水平也反映了国内消费者对国际产品的需求偏好，影响了国家的商品进口（马弘和泰若冰，2020）。假定各国（地区）对国际知识产权贸易网络的增长有偏好，即该国（地区）对个别国家（地区）和某些类型的知识产权进出口有偏好。这种主动或被动建立关系的倾向被分别称为“发送者效应”和“接受者效应”。发送者效应［见图 3.4（c）］意味着具有某些较强属性的国家（地区）的商品出口更为活跃，而接收者效应［见图 3.4（d）］意味着具有某些较强属性的国家（地区）的商品进口更为活跃。

总之，节点属性机制包括节点属性的同配性和异质性，其中，异质性可以通过发送者效应和接收者效应来体现。基于 I-CAGE 框架，选择创新、制度和经济属性来分析知识产权贸易网络中的同配性和异质性，因为它们会随着时间的推移而变化。

3.1.3.3　网络外部环境机制

外部环境对网络的形成也非常重要，通常用二元关系协变量来进行测算。二元关系协变量是固定的且对模型而言是外生的网络（杨文龙等，2018），其影响机制如图 3.5 所示。

（a）正向作用　（b）反向作用　（c）交互耦合

图 3.5　外生网络交互关系构局

注：虚线代表外部关系网络，实线代表知识产权贸易网络。

Granvovetter（1985）提出嵌入性理论，认为经济活动嵌入人文社会关系，人文社会关系会通过交易成本效应和市场信息传递效应等影响个体经济行为，进而影响国家经济政策。人文社会关系能够降低信息搜索成本而实现有效交易，降低市场交易风险，增强贸易关系的稳定性，还能通过建立非正式“社会团体”克服广泛存在的非正式贸易壁垒。以产品相似、共同语言和殖民关系为表现的关系网络更可提高价格信息对称性，匹配国际买卖双方的优势。Rauch 等（2002）检验了华人网络效用发现，非正式壁垒对国际贸易影响巨大，华人网络对差别产品贸易存在积极作用，能够推动双边贸易规模扩大 60%。

由此推断，国际知识产权贸易网络的发展受网络外部环境的嵌入性影响是合理的。由于文化和地理在 I-CAGE 框架中是相对固定的外生因素，以国家（地区）之间的文化和地理距离来衡量的文化网络和地理网络将作为国际知识产权贸易网络的外部环境。

3.1.4 中国知识产权贸易网络地位提升路径的理论分析

在根据 I-CAGE 框架分析内部因素和外部因素对网络形成的影响机制后，“洋葱”的第三层旨在考察创新、文化、制度、地理和经济五个影响因素的协同效应，探索中国在知识产权贸易网络中地位的提升机制，并以贸易额为衡量标准，找到提升中国知识产权进出口地位的不同路径。

在本书构建的知识产权贸易网络中，每个国家（地区）都是网络的节点。也就是说，一个节点与其他节点之间的交易量越大，贸易关系越密切，该节点在知识产权贸易网络中的地位越高。也就是说，考察提升中国知识产权贸易网络节点地位的路径，就是衡量创新因素、文化因素、制度因素、地理因素和经济因素对一国与其他国家（地区）知识产权贸易额的影响。

由于目前没有关于国际贸易的组态研究，最终的组态模型（见图 3.6）是根据之前在企业管理（熊文明等，2022）和经济发展（G. Zhou et al.，2022）方面的研究建立的。

3.1.5 总结

基于社会网络理论和创新性的 I-CAGE 框架，本书通过三个步骤来探索如何提高中国在国际知识产权贸易网络中的地位和竞争力：第一步是描述国际知识产权贸易网络的总体格局和特点，以及中国在网络演进中的发展；第二步是分析国际知识产权贸易网络是如何形成的，以及影响网络形成的内外部因素；第三步是探索内外部因素的协同效应，为提升中国在国际知识产权

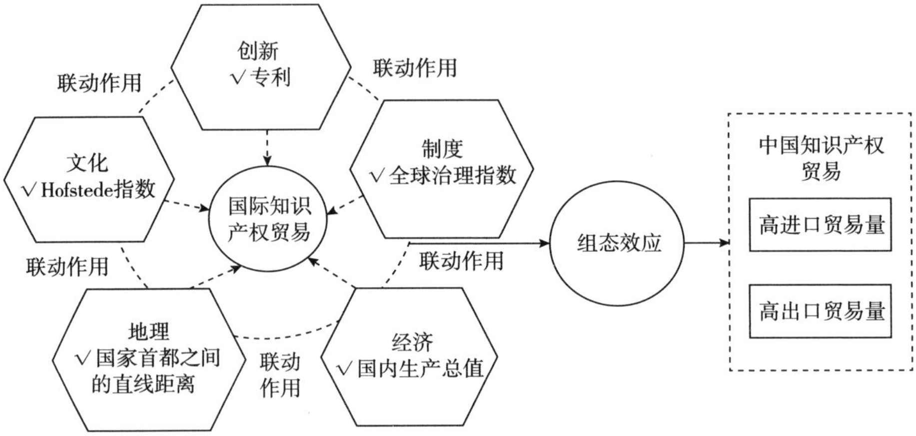

图 3.6　中国知识产权进出口贸易复杂因果关系组态模型

贸易网络中的地位提供不同的路径和建议。本书遵循“发现问题—分析问题—解决问题”的逻辑，旨在探讨中国在网络中地位的演变、形成和提高，阐述中国竞争力的现实、原因和解决办法。

3.2　研究假设

在本书提出的三个步骤中，只有第二个步骤是形成机制的定量研究，需要提出并回答研究假设。

在构建国际知识产权贸易网络并描述其格局和演变后，运用指数随机图模型（ERGM）对知识产权贸易网络的形成机制进行分析和验证。ERGM 是研究网络结构的统计模型，用来解释网络关系的生成机制。该模型的使用符合复杂网络和社会网络的一些基本理论假设：①网络是局部涌现的；②网络关系是自组织的（即关系具有依赖性）；③网络中的基本模式可以被看作结构过程的证据；④多个过程共同作用；⑤网络具有结构化和随机性特征（Lusher et al.，2013）。

基于前人对国际贸易网络的研究，知识产权贸易网络的形成和演化机制可分为内生机制和外生机制。内生机制是网络自组织结构的机制，外生机制包括节点属性机制和外部环境机制。

3.2.1 网络自组织结构机制研究假设

网络自组织结构机制是指网络自身已形成的结构对后期演变的影响。基于前文对知识产权贸易网络的描述及其结构特点，将互惠性、积极性、流行性、多连通性和传递性纳入自组织机制探讨，进而进行理论分析并提出假设。

互惠性是贸易网络节点间双向连接关系的程度，对其考察有助于揭示网络拓扑结构的形成机制并解释其组织原则（Garlaschelli & Loffredo，2004）。从比较优势理论来看，互惠贸易可以达到共赢的目标，而互惠原则正是WTO成员的行为准则之一；从要素禀赋理论来看，国家（地区）间通过交换各自优势的资源和要素，促进互惠共赢关系的形成。因此，互惠性刻画出知识产权贸易网络中的贸易关系具有相互依赖性。基于此提出以下假设：

H_0：国际知识产权贸易网络存在互惠效应，各国（地区）的贸易关系具有彼此依赖性。

知识产权贸易网络并非均衡状态，而是具有明显的“马太效应”，即“富人俱乐部”现象。新增的知识产权贸易关系倾向于发生在与出度或入度较高的节点之间。少数国家（地区）在知识产权贸易网络中成为广受欢迎或贸易活动相对活跃的“枢纽节点”。基于此提出以下假设：

H_1：国际知识产权贸易网络具有积极性，少数国家（地区）在知识产权出口中具有较强的控制力。

H_2：国际知识产权贸易网络具有流行性，少数国家（地区）十分依赖知识产权的进口。

知识产权贸易网络在宏观层面具有“小世界”特征，节点间呈贸易集群化。两个节点通过一个（或多个）共同节点关联，促使节点能够高效且精确地找到知识产权贸易潜在合作者。基于此提出以下假设：

H_3：国际知识产权贸易网络具有循环闭合效应，国家（地区）间贸易呈集团化趋势。

3.2.2 节点属性机制研究假设

节点属性机制也被称为“行动者-关系”效应，包括发送者效应和接收者效应以及两者的同配性。发送者效应指特定国家（地区）属性对出口贸易关系的影响。接收者效应指特定国家（地区）属性对进口贸易关系产生的影响。同配性效应，指具有相同属性的国家（地区）形成贸易关系的可能性。根据 I-CAGE 理论框架，创新水平、制度水平和经济水平会随着时间的推移发生变化，其差异会影响双方知识产权贸易关系，可将创新水平、制度水平和经济水平作为节点属性考察发送者效应和接收者效应及其同配性。基于此提出以下假设：

H_4：创新水平相似的国家（地区）更容易建立和发展知识产权贸易关系。

H_5：制度水平相似的国家（地区）更容易建立和发展知识产权贸易关系。

H_6：经济水平相似的国家（地区）更容易建立和发展知识产权贸易关系。

H_7：一国（地区）创新水平的发送者效应显著影响知识产权贸易网络的形成。

H_8：一国（地区）创新水平的接收者效应显著影响知识产权贸易网络的形成。

H_9：一国（地区）制度水平的发送者效应显著影响知识产权贸易网络的形成。

H_{10}：一国（地区）制度水平的接收者效应显著影响知识产权贸易网络的形成。

H_{11}：一国（地区）经济水平的发送者效应显著影响知识产权贸易网络的形成。

H_{12}：一国（地区）经济水平的接收者效应显著影响知识产权贸易网络的形成。

3.2.3 外部环境机制研究假设

外生网络机制是指网络节点的外生属性对网络关系形成与演变的影响。外生网络机制对贸易关系影响应主要关注节点的宏观属性（和聪贤，2022）。在传统贸易引力模型中，地理方面的因素决定了最初的贸易格局，地理距离直接影响双边贸易（Tinbergen，1962）。贸易双方之间的接近意味着贸易产生的运输成本较低，这也将降低贸易的不确定性，促进贸易发展。文化距离对国际贸易的影响类似于地理距离，会直接影响到贸易成本。贸易双方文化距离越远，信息交流的难度越大，价值观和信仰的差异越大，贸易成本越高。总之，地理距离及文化差异形成国家（地区）间相对固定的外生网络，共同作用于贸易网络，并加快其格局的改变与重塑。因此，本书选取地理和文化作为知识产权贸易网络的协变量进行机制分析。基于此提出以下假设：

H_{13}：国家（地区）间的文化距离会显著抑制国际知识产权贸易网络的形成。

H_{14}：国家（地区）间的地理距离会显著抑制国际知识产权贸易网络的形成。

3.3 变量选择和数据来源

3.3.1 国际知识产权贸易网络演化的描述性分析变量和数据来源

知识产权贸易的内涵可分为狭义和广义。狭义上的知识产权贸易是指以知识产权为标的物的贸易，包括专利许可、专利权转让、商标许可、商标权转让、商号许可、著作权许可、著作权转让、商业秘密许可等；广义上，知识产权贸易不仅包括以知识产权为主体的服务贸易，还包括以知识产权为主体的商品贸易。本书的重点是狭义上知识产权的跨境（海关或边境）转让或许可。世界贸易组织（WTO）成员签署的《与贸易有关的知识产权协定》（TRIPs）于1995年1月生效。因此，本书选取OECD数据库中1995—2018年包括中国在内的66个主要国家（地区）的双边知识产权使用费出口额（单位：亿美元），66个研究对象包括38个OECD国家（地区）和28个非OECD国家（地区），覆盖6个大洲18个地区（见表3.1）。

表3.1 所选取的国家和地区列表

所属大洲	具体区域	国家（地区）
亚洲（17个国家、3个地区）	东亚（3+3）	中国、韩国、日本、中国香港、中国台湾、中国澳门
	南亚（1）	印度
	东南亚（6）	菲律宾、泰国、越南、新加坡、印度尼西亚、马来西亚
	西亚（7）	土耳其、以色列、伊朗、沙特阿拉伯、冰岛、塞浦路斯、阿联酋

续表

所属大洲	具体区域	国家（地区）
欧洲（31个国家）	北欧（4）	丹麦、挪威、瑞典、芬兰
	东欧（5）	俄罗斯、立陶宛、拉脱维亚、乌克兰
	中欧（7）	瑞士、奥地利、德国、匈牙利、捷克、斯洛伐克、波兰
	西欧（6）	英国、法国、比利时、荷兰、卢森堡、爱尔兰
	南欧（9）	克罗地亚、西班牙、保加利亚、意大利、罗马尼亚、葡萄牙、希腊、斯洛文尼亚、马耳他
北美洲（4个国家）	北美（3）	美国、加拿大、墨西哥
	中美（1）	哥斯达黎加
南美洲（6个国家）	北部（1）	哥伦比亚
	东部（1）	巴西
	中西部（1）	秘鲁
	南部（3）	乌拉圭、阿根廷、智利
非洲（3个国家）	北非（2）	摩洛哥、埃及
	南非（1）	南非
大洋洲（2个国家）	大洋洲（2）	澳大利亚、新西兰

筛选条件是5个能够反映一国（地区）技术、创新和经济实力的指标，包括知识产权使用费进口额、知识产权使用费出口额、专利申请数量、全球创新指数排名和GDP总量，并考虑了数据的可得性。统计显示，66个研究对象在2018年的知识产权使用费进口额、出口额以及专利申请数量、GDP总量分别占全球年度总额的95%以上，因此基本可以代表知识产权国际贸易的总体情况。

3.3.2 国际知识产权贸易网络形成机制的回归分析变量和数据来源

ERGM模型中变量的选取遵循两个原则：一是综合考虑网络内生变量和外生变量对知识产权贸易网络形成的影响；二是优化模型拟合效果，防止网络退化。内生变量是网络的自组织结构变量。基于I-CAGE理论框架和前人分析，本书选取2018年的以下变量和数据进行实证分析：

（1）被解释变量：国际贸易网络分析中常用的被解释变量——贸易网络形成的概率可以用简单二元网络分析取（0，1）值。通常来讲，简单的二元网络分析做法为，如果双边贸易额大于门槛值或大于0，则边为1；如果双边贸易额小于门槛值或等于0，则边为0（Kim & Shin，2002）。由于各国（地区）贸易额悬殊和存在偶然贸易行为，如果将所有双边贸易都同等看待，不仅增大计算量也易导致结论偏误。门槛值设定能够体现重要的、稳定的贸易关系。本书选取2%作为门槛值，因为2%足够捕获一个国家在国际体系中前10位的贸易伙伴，具有很强的样本代表性（Pan，2018）。

因此，最终确定的被解释变量为2018年国际知识产权贸易网络，即2018年知识产权贸易网络形成的概率，值为0~1。借鉴刘林青等（2020）的做法，按向某一节点国（地区）出口额占该国（地区）总出口额的2%进行二值化处理，数据来自经合组织数据库。

（2）主要解释变量：本书基于I-CAGE框架和知识产权贸易网络的特点，主要考察互惠性、积极性、流行性、多连通性和传递性等自组织结构机制，创新水平、制度水平和经济水平三个节点属性机制，以及文化距离和地理距离两个外生网络机制（见表3.2）。

表3.2　知识产权贸易网络形成机制分析的变量描述及解释

变量名称		变量符号	图形构局	解释
自组织结构变量	网络密度	*edges*	——→○	关系形成的基础，模型中的常数项
	互惠性	*mutual*	○←——→○	网络具有互惠性，描述国家（地区）间存在双向知识产权贸易关系的趋势

续表

变量名称		变量符号	图形构局	解释
自组织结构变量	积极性	*gwodegree*	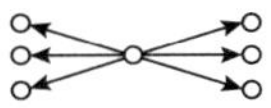	网络以出度为中心，描述国家（地区）间知识产权贸易关系的扩张性
	流行性	*gwidegree*	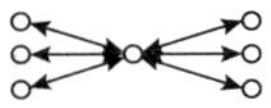	网络以入度为中心，描述国家（地区）间知识产权贸易关系的聚敛性
	多连通性	*gwdsp*	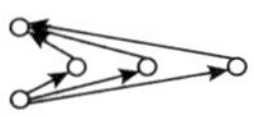	网络具有多连通性，描述国家（地区）间通过多条路径传递知识产权贸易关系的趋势
	传递性	*gwesp*	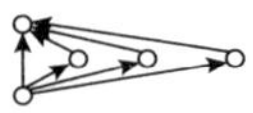	网络具有闭合性，或“三角集群”，描述拥有多个合作伙伴的国家（地区）间存在知识产权贸易合作的倾向性
节点属性变量	同配性			
	创新水平同配性	*absdiff. I*		创新水平相似的国家（地区）间更倾向于发生知识产权贸易
	制度水平同配性	*absdiff. A*		制度水平相似的国家（地区）间更倾向于发生知识产权贸易
	经济水平同配性	*absdiff. E*		经济水平相似的国家（地区）间更倾向于发生知识产权贸易
	异质性			
	创新水平发送者效应	*nodeocov. I*		创新水平高的国家（地区）更倾向于出口
	制度水平发送者效应	*nodeocov. A*		制度水平高的国家（地区）更倾向于出口
	经济水平发送者效应	*nodeocov. E*		经济水平高的国家（地区）更倾向于出口
	创新水平接收者效应	*nodeicov. I*		创新水平高的国家（地区）更倾向于进口
	制度水平接收者效应	*nodeicov. A*		制度水平高的国家（地区）更倾向于进口
	经济水平接收者效应	*nodeicov. E*		经济水平高的国家（地区）更倾向于进口
外生网络变量	文化距离网络	*edgecov. C*	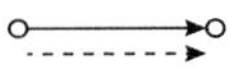	国家（地区）间的文化距离网络对知识产权贸易网络关系形成有影响
	地理距离网络	*edgecov. G*		国家（地区）间的地理距离网络对知识产权贸易网络关系形成有影响

自组织结构变量均是由社会网络分析软件 UCINET 根据知识产权贸易额构建的网络数据计算得来的。

网络节点属性变量包括 66 个国家（地区）不断变化的创新、制度和经济属性，衡量属性相似或不同的国家（地区）是否更倾向于发展知识产权贸易关系。具体而言，同配性机制意味着创新水平、制度水平和经济水平相近的国家（地区）更倾向于建立和发展知识产权贸易关系。异质性机制意味着创新水平、制度水平和经济水平较强的国家（地区）更倾向于发展知识产权出口贸易或进口贸易。其中，创新指标用专利申请数量来衡量；制度指标采用全球治理指数中的法治维度。全球治理指数包括六个维度：话语权与问责、政治稳定与非暴力、政府效率、监管质量、法治与控制腐败。选择法治维度是因为它与知识产权保护高度相关。经济指标用 GDP 来衡量。以上变量的数据均来自世界银行。

网络外部环境变量为文化距离和地理距离。文化距离是指一个国家（地区）与其他国家（地区）文化价值观的差异。Hofstede 将一个国家（地区）的文化价值观分为六个维度：权力距离、避免不确定性、集体主义或个人主义、男性气质或女性气质、长期或短期取向、放纵或约束（Hofstede et al.，2005）。本书采用 KS 指数（Kogut & Singh，1988）来测度文化距离，公式为：

$$CD_{ij} = \frac{\sum_{i=1}^{n}[(C_{ih} - C_{jh})^2/CV_h]}{n}$$

其中，CD_{ij} 表示国家（地区）i 与被考察国家（地区）j 之间的文化距离，C_{ih} 表示国家（地区）j 在第 h 个文化维度上的指数，C_{jh} 表示国家（地区）j 在第 h 个文化维度上的指数，CV_h 表示第 h 个文化维度指数的方差，n 表示文化维度的数量。数据来自 Hofstede Insights 网站。

地理距离的指标根据贸易双方首都以及中国香港、中国澳门、中国台湾的球面距离计算得出，数据来自 CEPII（Centre Détudes Prospectives et D'Information Internationals）数据库。

由于专利数量、GDP 和地理距离数值量级较大，取其对数进行分析。

3.3.3 中国在国际知识产权贸易网络中提升路径的定性分析变量和数据来源

国际知识产权贸易网络的影响因素为分析提升中国地位的可能路径提供了变量。由于塞浦路斯、中国澳门和中国台湾地区部分变量数据缺失，最终的研究对象为 62 个国家（地区）。创新因素、文化因素、制度因素、地理因素和经济因素的数据来源与知识产权贸易网络形成机制的 ERGM 分析一致（见表 3.3）。

表 3.3 中国国际知识产权贸易网络地位提升研究的变量及数据来源

变量	度量指标	数据来源
被解释变量	2018 年中国知识产权进出口额	OECD 数据库
创新因素	62 个国家（地区）的专利申请量	世界银行
文化因素	中国与 62 个国家（地区）的文化距离	Hofstede Insights
制度因素	中国与 62 个国家（地区）的制度距离	世界银行
地理因素	中国与 62 个国家（地区）的地理距离	CEPII 数据库
经济因素	中国与 62 个国家（地区）的经济距离	世界银行

3.3.3.1 被解释变量

被解释变量为中国与 62 个国家（地区）之间的知识产权进出口贸易额（单位：亿美元），来自经合组织数据库。贸易额越高，与国家（地区）的知识产权贸易越频繁。

3.3.3.2 解释变量

（1）创新因素：专利技术和品牌是知识产权贸易的核心竞争优势（顾晓燕和刘丽，2016）。本书用世界银行数据库中62个国家（地区）的专利申请量作为创新指标，数值越大说明专利申请量越多，创新水平越高。

（2）文化因素：Hofstede将文化距离划分为权力距离、不确定性规避、集体或个人主义、男性或女性度、长期或短期导向、放纵或克制6个维度。本书使用中国与其他62个国家（地区）之间的文化距离。计算公式与3.3.2小节中ERGM分析相同。

（3）制度因素：制度距离使用被世界银行采用的全球治理指标体系，其中包括反映东道国公共服务效率和政策有效性、对企业监管的强度和公正性、公民的政治话语权和公共事务参与度、政府的清廉及对腐败的控制等方面的指标，并且采用下述算法将这些指标进行综合：

$$AD_i = \sum_{j=1}^{6} \{(A_{ij} - A_{hj})^2 / A_{vj}\} / 6$$

其中，AD_i是国家（地区）i与中国的制度距离；A_{ij}是国家（地区）i第j个维度的得分，A_{hj}是中国第j个维度得分；A_{vj}是第j个维度的方差。数值越大，代表该国家（地区）与中国的制度距离越大。

（4）地理因素：本书选取根据贸易双方首都以及中国香港的球面距离计算得出贸易双方间的距离作为衡量国家（地区）之间空间位置距离的指标，数据来源于CEPII数据库。数值越大，代表该国家（地区）与中国的地理距离越大。

（5）经济因素：经济因素考量的是贸易双方之间经济发展水平的差异。本书使用贸易双方GDP差距的绝对值来定义经济距离，数据来源于世界银行，其具体计算公式如下：

$$ED_i = |GDP_i - GDP_h|$$

其中，ED_i 表示国家（地区）i 与中国之间的经济距离，GDP_i 表示 i 国（地区）的 GDP，GDP_h 表示中国的 GDP。数值越大，代表该国家（地区）与中国的经济发展水平差距越大。

3.3.4 总结

为了描述国际知识产权贸易网络的格局和演变以及中国在其中的地位，利用 OECD 数据库中包括中国在内的 66 个主要国家（地区）1995—2018 年的双边知识产权出口数据，构建国际知识产权贸易网络。

运用 ERGM 方法对国际知识产权贸易网络的五个 I-CAGE 变量进行回归分析。以创新、制度和经济变量作为节点属性，以文化和地理变量构建外部环境网络。

最后，利用相同的五个 I-CAGE 变量，定性分析提高以知识产权贸易量为衡量指标的中国地位的不同路径。

3.4 模型构建

指数随机图模型的构建过程是从简单随机图模型开始的。简单随机图模型仅考察网络的密度指标；随后，通过添加主效应（Main Effects）和交互（Interaction）统计项的方式将网络成员的属性特征纳入模型，该步骤完成后将会形成一个二元独立性模型；最终，几何统计项将作为主效应和交互统计项的补充被纳入模型，弥补前述模型在获取网络结构特征上的不足，从而形成一个新的依赖性模型（Harris，2013）。

根据 Peter 和 Herman（2017）的定义，ERGM 衡量的是特定网络出现的概率，公式如下：

$$P(Y=y)=\frac{1}{K(\theta)}\exp[\sum_{i}\theta_{i}g_{i}(y)]$$

其中，$K(\theta)$ 是标准化变量，使概率总和为 1；g_i 为知识产权贸易网络的自组织结构变量、行动者属性及网络协变量等的统计量 θ_i 为待估系数。

据此，本书共构建五个模型对知识产权贸易网络形成机理进行实证分析。

模型 1　是一个简单模型，仅考察网络的密度指标，即国家（地区）间知识产权贸易关系的数量，用边变量（*edges*）表示。对应的 ERGM 模型公式为：

$$P(Y=y|X)=[\exp(\theta_1 edges)]/k \qquad (模型 1)$$

模型 2　在模型 1 的基础上增加主效应和交互统计项，将网络成员的内部和外部属性特征纳入模型。一方面是节点属性的同配性，包括创新属性同配性（*absdiff. I*）、制度属性同配性（*absdiff. A*）和经济属性同配性（*absdiff. E*）；节点属性的异质性，即发送者效应和接受者效应，包括创新属性发送者效应（*nodeocov. I*）、制度属性发送者效应（*nodeocov. A*）和经济属性发送者效应（*nodeocov. E*），以及创新属性接收者效应（*nodeicov. I*）、制度属性接收者效应（*nodeicov. A*）和经济属性接收者效应（*nodeicov. E*）。另一方面是节点的外部网络环境属性特征，包括文化距离网络（*edgecov. C*）和地理距离网络（*edgecov. G*）。对应的 ERGM 模型公式为：

$$P(Y=y|X)=[\exp(\theta_1 edges+\theta_2 absdiff.I+\theta_3 absdiff.A+\theta_4 absdiff.E+\theta_5 nodeocov.I+\theta_6 nodeocov.A+\theta_7 nodeocov.E+\theta_8 nodeicov.I+\theta_9 nodeicov.A+\theta_{10} nodeicov.E+\theta_{11} edgecov.C+\theta_{12} edgecov.G)]/k$$

（模型 2）

模型 3 至模型 5 在模型 2 的基础上依次增加几何统计项，最终形成一个综合模型。

模型 3 在模型 2 的基础上增加互惠性变量（*mutual*），对应的 ERGM 模型公式为：

$$P(Y=y \mid X) = [\exp(\theta_1 edges+\theta_2 absdiff.I+\theta_3 absdiff.A+\theta_4 absdiff.E+\theta_5 nodeocov.I+\theta_6 nodeocov.A+\theta_7 nodeocov.E+\theta_8 nodeicov.I+\theta_9 nodeicov.A+\theta_{10} nodeicov.E+\theta_{11} edgecov.C+\theta_{12} edgecov.G+\theta_{13} mutual)]/k \quad (模型 3)$$

模型 4 在模型 3 的基础上增加积极性（*gwodegree*）和流行性（*gwidegree*）变量，对应的 ERGM 模型公式为：

$$P(Y=y \mid X) = [exp(\theta_1 edges+\theta_2 absdiff.I+\theta_3 absdiff.A+\theta_4 absdiff.E+\theta_5 nodeocov.I+\theta_6 nodeocov.A+\theta_7 nodeocov.E+\theta_8 nodeicov.I+\theta_9 nodeicov.A+\theta_{10} nodeicov.E+\theta_{11} edgecov.C+\theta_{12} edgecov.G+\theta_{13} mutual+\theta_{14} gwodegree+\theta_{15} gwidegree)]/k \quad (模型 4)$$

模型 5 在模型 4 的基础上增加多连通性（*gwdsp*）和传递性（*gwesp*）变量，将网络自组织结构变量、节点属性变量与外部环境网络变量纳入同一统计模型，综合分析不同类型的统计项目对知识产权贸易网络形成的影响。将模型的拟合优度与其他模型进行比较，确定综合模型是否能够更好地描述知识产权贸易网络的特征。对应的 ERGM 模型公式为：

$$P(Y=y \mid X) = [\exp(\theta_1 edges+\theta_2 absdiff.I+\theta_3 absdiff.A+\theta_4 absdiff.E+\theta_5 nodeocov.I+\theta_6 nodeocov.A+\theta_7 nodeocov.E+\theta_8 nodeicov.I+\theta_9 nodeicov.A+\theta_{10} nodeicov.E+\theta_{11} edgecov.C+\theta_{12} edgecov.G+\theta_{13} mutual+\theta_{14} gwodegree+\theta_{15} gwidegree+\theta_{16} gwdsp+\theta_{17} gwesp)]/k \quad (模型 5)$$

3.5 数据分析方法

3.5.1 社会网络分析（SNA）

社会网络分析（Social Network Analysis，SNA）是20世纪60年代由哈里森·怀特（Harrison White）等为代表的社会计量学家从数学图论中衍生出来的一种社会结构分析方法。该方法侧重于探索节点之间的关系。通常会将结果以图像的方式（Mapping）来呈现这些因素之间彼此的关系。社会网络分析方法关注个体及其关系的集合，主要回答社会网络中的互动问题。

本书基于1995—2018年经合组织数据库中包括中国在内的66个主要国家（地区）的双边知识产权使用费出口额，构建国际知识产权贸易网络，并对网络关系密度、网络中心度、核心与边缘国家（地区）等网络特征及其演化过程进行可视化分析。

用于社会网络分析的软件是UCINET和Gephi。利用UCINET计算网络密度、度中心度、中心势等主要指标，利用Gephi对知识产权贸易网络的演化进行可视化。

3.5.2 指数随机图模型（ERGM）

指数随机图模型（Exponential Random Graph Models，ERGM）是社会网络分析的核心方法之一。ERGM是研究网络结构的统计模型，可以用来解释网络关系的出现和不出现，以及理解社会网络关系是如何出现和为什么出现的。ERGM 是一种基于关系的、综合考虑网络生成过程中各种因素影响的实证分析模型，能够推断现实观测网中的局部构成是否有别于随机网络，可以定量评估不同网络生成过程对网络结构的差异性影响。

本书运用 ERGM 模型结合知识产权贸易网络的一些内部特征和外部因素，构建回归模型，并通过拟合优度检验分析国际知识产权贸易网络的形成机理。

本书采用 R 软件的 statnet 软件包建立模型，完成 ERGM 估计。

3.5.3 模糊集定性比较分析（fsQCA）

模糊集定性比较分析方法（fuzzy-sets Qualitative Comparative Analysis，fsQCA）是对传统定性比较分析方法的改进。定性比较分析（QCA）是一种以案例研究为导向的定性与定量相结合的研究方法。这种方法最初是为了解决社会学研究难题而产生的。20 世纪 90 年代，美国社会学家 Ragin 将布尔代数方法转变为模糊集方法，使传统的定性比较分析方法易于操作，也拓展了 QCA 方法的应用范围。该方法的基本思想是从集合的角度来看待变量之间的关系，并以布尔代数作为基本的数据运算原理，研究多个前因变量如何搭配组合才能够解释结果变量的产生。因此，定性比较分析摒弃了单一变量的“净效应”，而是基于整体视角和组态思维来看待社会现象问题。

具体而言，QCA 方法包括清晰集定性比较分析（csQCA）、模糊集定性比较分析（fsQCA）和多值集定性比较分析（mvQCA）。csQCA 必须对变量进行二分类校准，mvQCA 要求变量取值在 3 分及以上，fsQCA 可以对变量取 0~1 任意值进行校准（熊文明等，2022）。由于本书的数据都为连续变量，所以采用 fsQCA 方法，基于 I-CAGE 框架对知识产权贸易网络节点地位的五大影响因素进行组态分析，探索中国在知识产权贸易网络中地位提升的路径。

研究采用的软件为 fsQCA。

3.6 总结

本书运用定量和定性相结合的方法探讨如何在贸易网络背景下提高中国在国际知识产权贸易中的地位和竞争力。

首先，社会网络分析方法对国际知识产权贸易网络的拓扑特征、演变模式以及中国在其中的地位进行描述性分析和可视化展示。

其次，作为社会网络分析方法的一种回归分析，指数随机图模型考察国际知识产权贸易网络形成的内生因素和外生因素。将著名经济学家 Pankaj Ghemawat 提出的 CAGE 距离框架和波斯纳提出的技术差距理论相结合，提出创新性的 I-CAGE 框架，选择国际知识产权贸易网络的外生因素。

最后，创新性地运用模糊集定性比较分析方法，探索创新、文化、制度、地理、经济等影响因素与中国在国际知识产权贸易网络中的地位之间复杂的因果关系，以期找到提高中国知识产权贸易竞争力的有效路径。

4 数据分析和结果

4.1 国际知识产权贸易网络演化的描述性分析

本书使用1995—2018年66个国家（地区）的知识产权使用费数据，利用UCINET软件计算中心度、出度中心度、入度中心度、网络密度、中心势、平均聚类系数、平均路径长度等指标，结合国际知识产权贸易总量，对国际知识产权贸易总体网络、国际知识产权贸易进出口网络，以及中国在国际知识产权贸易中的地位和竞争力的演化趋势进行描述性分析。

在可视化分析部分，将1995年、2003年、2011年和2018年66个主要国家（地区）的双边知识产权使用费年度进出口额数据整理为Gephi可处理格式，绘制全球知识产权贸易进出口整体网络。图中节点大小分别与国家（地区）的加权度、加权出度和加权入度成正比。利用UCINET软件的核心/边缘（core/periphery）分析并结合各节点的中心度，将国家（地区）划分为核心国家（地区）、半核心国家（地区）和边缘国家（地区），将其分别置于网络最内侧圈层、第二圈层和外侧第三、第四圈层；连边宽度分别与国家（地区）间的知识产权使用费进出口金额成正比。

4.1.1 国际知识产权贸易总量演化趋势分析

4.1.1.1 国际知识产权贸易总量的增长率超过全球国际贸易总额的增长率

1995—2018 年的 24 年间，国际知识产权贸易总额不断增长（见图 4.1），年平均增长率达 8.87%，增速超过全球国际贸易总额的增长率，仅在 2001 年、2009 年、2013 年和 2015 年出现下滑。其中，2001 年受“9·11”事件影响，美国经济由减速转变为负增长，日本经济陷入衰退，欧盟经济也趋入停滞，世界经济总体上出现衰退，2001 年的国际知识产权贸易也受到明显影响，总量增长率为-0.42%。而 2009 年国际知识产权贸易总量的增长率为-4.98%，这可能是受到美国金融危机导致全球经济衰退的影响。而 2012 年以来，全球经济复苏步伐持续放缓，发达经济体经济复苏乏力，国际知识产权贸易增速明显下降，2013 年和 2015 年甚至出现负增长。

4.1.1.2 知识产权贸易总量经历中高速增长后增速逐渐放缓

根据增长率的变化情况，可以将国际知识产权贸易总量格局分成如下三个阶段（见图 4.1）。

第一阶段：1995—2002 年，中速增长阶段。《与贸易有关的知识产权协定》（TPIPs）正式生效后的 8 年间，国际知识产权贸易总额增幅明显，平均增长率为 7.42%，年度进出口额增长至 1000 亿美元，比 1995 年几乎翻了一番，奠定了全球知识产权贸易的增速格局。

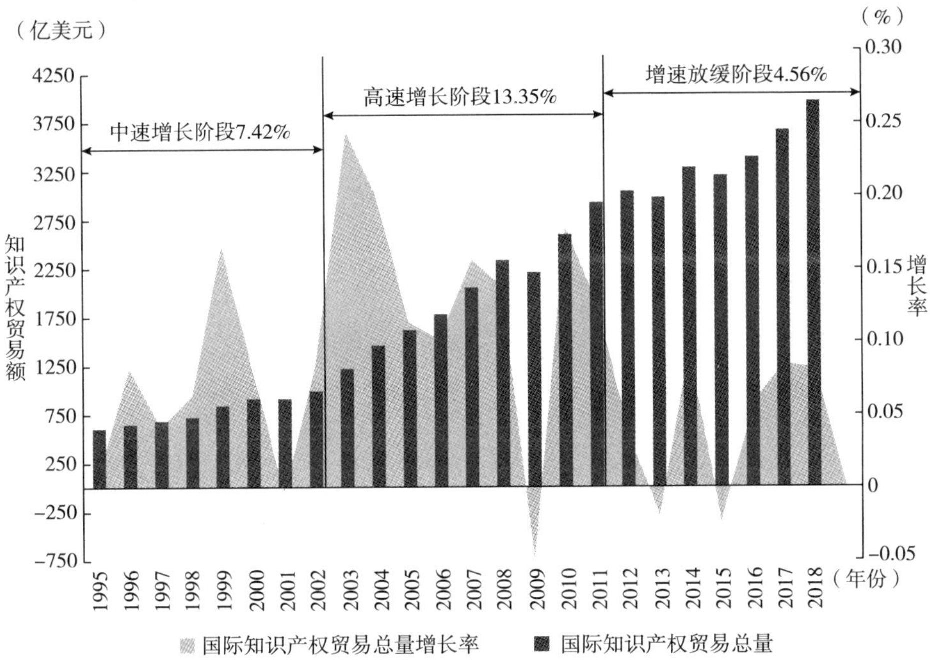

图 4.1　1995—2018 年国际知识产权贸易总额及增长率趋势

资料来源：根据 OECD 数据计算得来。

第二阶段：2003—2011 年，高速增长阶段。2003 年是世界知识产权制度变革的一年，备受瞩目的《专利合作条约》（PCT）改革取得重大进展。同年，SARS 的肆虐也演变成一场国际“SARS 专利申请竞赛”。自 2004 年 1 月 1 日起，WIPO 正式实行新的 PCT 审批程序，简化了在多个国家（地区）获得 PCT 保护的复杂程序。这些制度性举措推动全球知识产权贸易进入高速增长阶段，年平均增长率达 13. 35%。虽然受到金融危机的影响，但增速总体上依然基本保持在 10%以上，只有 2009 年出现了负增长。

第三阶段：2012—2018 年，增速放缓阶段。由于世界经济复苏持续放缓，且各国（地区）对自主知识产权的重视程度越来越高，该阶段知识产权使用费全球贸易额在较高的总量水平基础上增长速度明显放缓，平均增长率仅4.38%。但4.38%的年平均增长率仍高于世界经济增长率。3%是判断世界经济是否萧条的分界线，对于发达经济体来说，3%左右的经济增长是一种常态。这说明知识产权贸易目前和未来一段时间仍处于繁荣时期，有一定的增长空间。

4.1.2 国际知识产权贸易总体网络特征演化趋势分析

4.1.2.1 各国（地区）之间知识产权贸易关系增加的同时“小世界”特征持续明显

从知识产权整体贸易网络看，各国（地区）之间的知识产权贸易关系增加，强度提高，贸易活动日益频繁，同时“小世界”特征也非常明显。

分析表4.1可知，贸易关系的增加体现在网络的连边数由1995年的3718条增至2018年的4167条，网络密度和平均度均上升约12%，最小点出度增长约22%，最小点入度增长率高达100%；说明国家（地区）间不断建立新的进出口关系，找到新的贸易伙伴，尤其是进口贸易伙伴。贸易强度的提高则体现在加权度即贸易金额的显著提高。1995—2018年，平均加权度增长近6倍，最大加权出度增长近3倍，最小加权出度增长4倍多，最大加权入度增长7倍多，最小加权入度则增长14倍多。

表4.1 国际知识产权贸易主要时间节点的网络基本指标

指标	时间节点			
	1995年	2003年	2011年	2018年
网络密度	0.867	0.919	0.947	0.971
连边数（条）	3718	3942	4063	4167
平均度	56.33	59.73	61.56	63.14

续表

指标	时间节点			
	1995 年	2003 年	2011 年	2018 年
最大点出度	65	65	65	65
最小点出度	37	42	48	45
最大点入度	65	65	65	65
最小点入度	26	36	45	52
最大加权出度	292.458	539.043	1102.769	1169.312
最小加权出度	0.009	0.021	0.096	0.047
最大加权入度	78.433	173.709	406.855	629.661
最小加权入度	0.048	0.181	0.418	0.722
平均加权度	8.933	18.218	44.228	59.979
平均聚类系数	0.889	0.926	0.952	0.973
平均路径长度	1.133	1.081	1.053	1.029

资料来源：根据 Ucinet 计算得来。

全球知识产权贸易活动的日益频繁和深入也可以从图 4.2 中得到直观的反映。连边增密，线条加粗，横纵向关系日益深化。

“小世界”是指节点之间的关联性较强，通过较短的路径就能建立联系。其判定标准是平均路径长度小于 10 且聚类系数大于 0.1（Valverde et al.，2002）。24 年间，全球知识产权贸易网络的平均聚类系数逐渐增大（0.889~0.973），平均路径长度逐渐减小（1.133~1.029），“小世界”特征愈加明显，说明知识产权的使用和扩散更加频繁和高效。

4.1.2.2 国际知识产权贸易网络中心化格局逐渐加强后呈现出在动荡中逐渐减弱的趋势

国际知识产权贸易网络呈现出非常明显的“核心-边缘”结构特征，核心国家（地区）主要是美国、德国、荷兰、瑞士、英国、日本、爱尔兰等。但贸易网络的整体中心性由弱到强再由强到弱，呈现出逐渐中心化又逐渐去中心化的演进历程，说明核心国家（地区）的中心和控制地位正在逐渐减弱，其他边缘国家（地区）之间不断加强贸易往来。

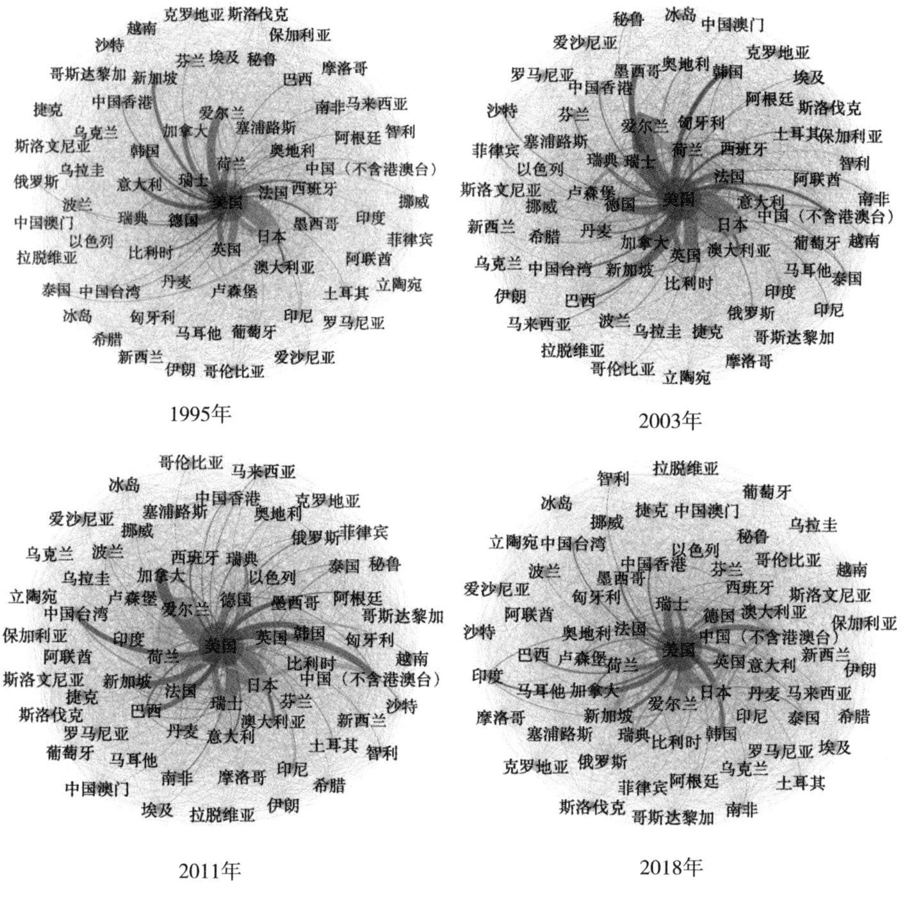

图 4.2　1995 年、2003 年、2011 年、2018 年国际知识产权贸易整体网络

资料来源：根据 Gephi 绘制。

根据知识产权贸易网络的整体中心性，可以将国际知识产权贸易网络中心化格局分成如下三个阶段（见图 4.3）：

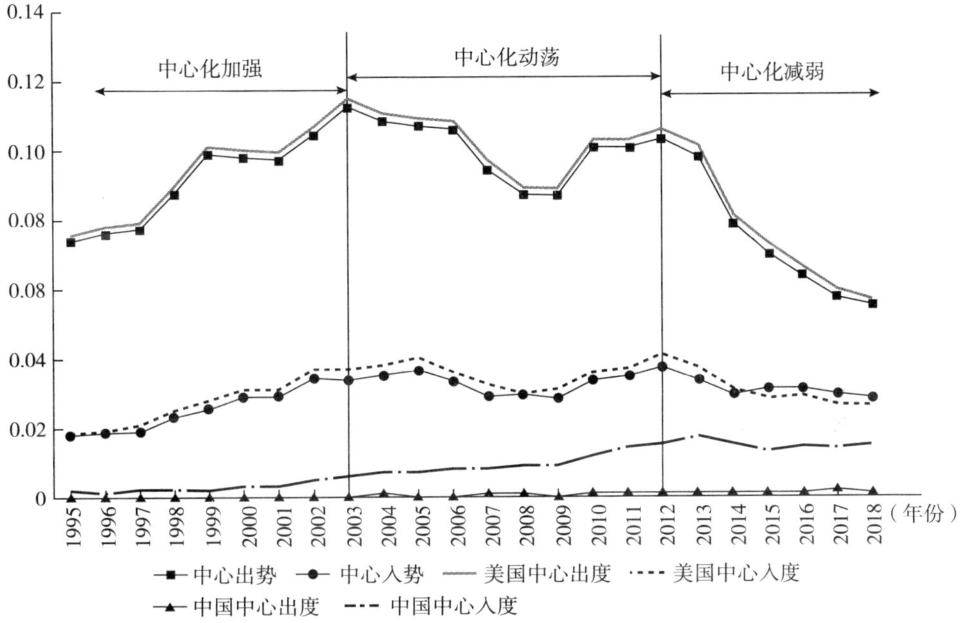

图 4.3 国际知识产权贸易网络中心势及中国、美国中心出入度

资料来源：根据 Ucinet 计算得来。

第一阶段：1995—2003 年，中心化加强阶段。随着知识产权申请和贸易量的逐渐增长，美国（0.075～0.115）、日本（0.015～0.022）、英国（0.014～0.020）、德国（0.008～0.011）、荷兰（0.008～0.021）、瑞士（0.008～0.013）等网络核心国家（地区）的中心出度都呈现逐渐增强趋势，以美国最为突出，中心出度从 1995 年的 0.075 增强到 2003 年的 0.115，达到中心出度的最高值。主要国家（地区）的中心出度提高导致国际知识产权贸易网络的整体中心出势显著增强（0.074～0.1126），说明世界的出口格局不断中心化，核心国家（地区）地位不断稳固。相比中心出度而言，主要核心国家（地区）的中心入度除了美国之外（0.018～0.037），变化并不十分明显，整体中心入势从 0.018 上升到 0.0336，由此可以看出，进口格局的演化在同时期与出口格局一样也呈现不断中心化的趋势，但是中心化的趋势没有出口格局那么明显。

第二阶段：2003—2012年，中心化动荡阶段。2003年，中心出势和入势出现了下滑趋势，特别是中心出势，到2007年开始已经非常明显，尤其是美国。日本、德国、瑞士、英国等的中心出度比较稳定，而中心入度相对波动较大。受金融危机影响，世界各国（地区）都开始重视自主科技创新和自主知识产权，从而使知识产权国际贸易呈现出关系增加、强度提高的特征，在一定程度上逐渐减少了对美国等核心国家（地区）的依赖度，核心国家（地区）的知识产权贸易进出口地位严重下滑，特别是2008年的金融危机对美国及全球知识产权贸易的中心出势造成了很大的冲击，中心化的动荡趋势明显。

第三阶段：2012—2018年，中心化减弱阶段。整体网络中心出势和美国中心出度下滑非常明显，中心入势相对稳定，其他国家（地区）仍然相对稳定，国际知识产权贸易出口格局进入多元化发展阶段。一方面，作为知识产权贸易网络核心的发达经济体经济复苏缓慢，而以金砖国家为代表的新兴经济体经济强势发展，知识产权能力也越来越强；另一方面，各国（地区）也越来越重视自主知识产权研发，知识产权国际贸易的参与者越来越多。2013年，中国提出“一带一路”倡议，相关国家（地区）之间不断加强贸易往来，在一定程度上也削弱了传统知识产权贸易强国的地位。

从图4.3中也可以明显看出，美国的中心出度和中心入度基本跟全球中心出势和入势一致，说明美国对全球知识产权贸易的格局起着举足轻重的影响。全球国际知识产权贸易中心化格局的变化也是美国核心地位的变化，美国的知识产权国际贸易中心地位也经历了逐渐加强后呈现出在动荡中逐渐减弱的趋势。

4.1.2.3 国际知识产权贸易空间分布不均衡

为观察国际知识产权贸易网络的空间特征，本书绘制了1995年、2003

年、2011 年和 2018 年国际知识产权贸易网络参与国（地区）的出度中心度和入度中心度核密度分布图（见图 4.4）。

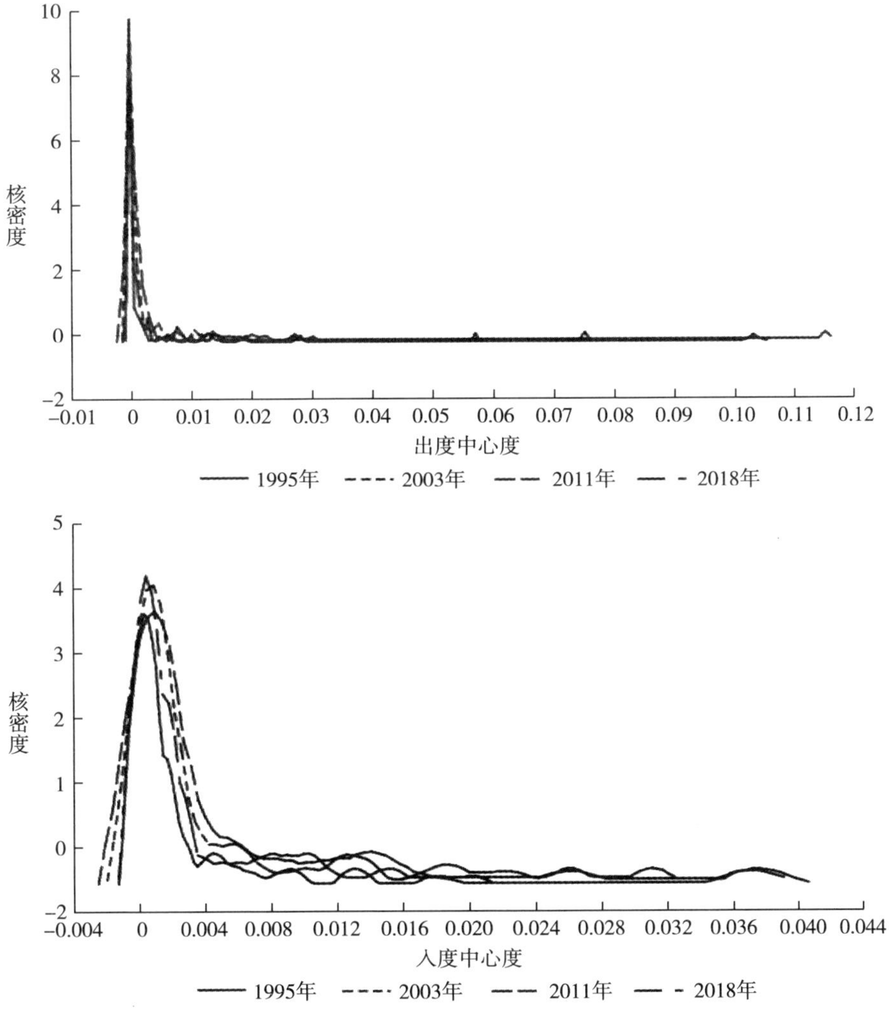

图 4.4　1995—2018 年部分年份知识产权贸易网络度数中心度核密度估计

资料来源：根据 Eviews 绘制。

如图 4.4 所示，国际知识产权贸易网络的出度中心度和入度中心度的核密度分布呈现“单峰分布”向右偏，表现出明显的长尾特征，服从幂律分布，说明国际知识产权贸易网络具有无标度性特征，即新的节点更倾向于与那些具有较高连接度的节点相连接（Barabasi & Albert，1999）。国际知识产权出口大国（地区）和进口大国（地区）分布相对集中，存在“富人俱乐部”现象。此外，国际知识产权贸易网络的出度中心度及入度中心度的核密度峰值变化不大，分别处在 8~10 及 3~5，核密度分布图保持聚拢。其中，出度中心度的核密度分布图较入度中心度的核密度图陡峭，说明世界各国（地区）倾向于拓展更多的进口来源国（地区），而大多数国家（地区）的出口市场发展较弱。

4.1.2.4　“核心-边缘”结构明显

根据 UCINET 软件中 core-periphery 可测算出 1995—2018 年每年知识产权贸易整体网络的核心国家（地区）和边缘国家（地区）。如表 4.2 所示，国际知识产权贸易网络在四个年份断面具有明显的“核心-边缘”结构特征，且核心国家（地区）发生时空变化。总体来看，美国长期保持领先地位，以英国为代表的欧洲国家虽然也占有重要席位，但体量差距还是很大。在亚洲国家（地区）中，日本是唯一可以与美国分庭抗礼的国家，曾一度在国际上拥有主导地位。而随着各国（地区）重视发展创新和贸易，核心国家（地区）不断增加，到 2018 年呈现“五足鼎立”的局面，美国的绝对优势地位不断被削弱。

表 4.2　1995—2018 年部分年份知识产权贸易网络核心国家列表

年份	核心国家
1995	英国　美国
2003	日本　美国
2011	爱尔兰　美国
2018	德国　荷兰　瑞士　英国　美国

4.1.3 国际知识产权贸易进口与出口网络特征演化趋势分析

4.1.3.1 知识产权出口贸易网络中主要国家（地区）长期占据前列地位但中心度明显下降

在贸易网络中，节点位置和角色决定了一国（地区）的贸易地位。表4.3是1995年、2003年、2011年、2018年知识产权贸易网络出度中心度排名前5的国家。相对出度中心度代表一国（地区）在知识产权贸易网络中的出口能力。从表4.3可见，国际知识产权出口贸易网络中，排名前5的国家相对稳定，美国、荷兰、日本、瑞士、德国、英国等长期轮流占据世界前5的位置；美国始终牢牢占据第一的位置，而英国的地位则不断下滑，从第3名降到第6名。以美国、欧洲为代表的发达经济体的中心出度呈下降趋势，其中美国的中心出度从1995年的0.075下降到2018年的0.057。

表4.3 1995年、2003年、2011年、2018年知识产权贸易网络出度中心度排名前5的国家

排序	1995年		2003年		2011年		2018年	
	国别	出度中心度	国别	出度中心度	国别	出度中心度	国别	出度中心度
1	美国	0.075	美国	0.115	美国	0.103	美国	0.057
2	日本	0.015	日本	0.027	荷兰	0.030	荷兰	0.028
3	英国	0.014	荷兰	0.022	日本	0.027	日本	0.019
4	荷兰	0.008	英国	0.020	瑞士	0.018	瑞士	0.014
5	德国	0.008	瑞士	0.013	英国	0.016	德国	0.014

4.1.3.2 知识产权进口贸易网络中主要国家占据前列地位但新兴经济体地位不断提升

表4.4是1995年、2003年、2011年、2018年知识产权贸易网络入度中

心度排名前 5 的国家。相对入度中心度代表一国（地区）在知识产权贸易网络中的进口能力。从表 4.4 可见，国际知识产权进口贸易网络中，排名前 5 的国家稳中有变。爱尔兰表现比较抢眼，2011 年、2018 年均占据进口额第一的位置，这与其低税率和其他特殊的税法制度有莫大关系，众多高科技公司以位于爱尔兰的子公司对外支付知识产权使用费转移收入，作为避税跳板。而中国则从榜上无名到名列第三，发展十分迅猛。而印度的知识产权进口排名从 1995 年的第 38 位上升到 2018 年的第 14 位，俄罗斯的进口排名在同期从第 32 位提升到第 22 位。

表 4.4　1995 年、2003 年、2011 年、2018 年知识产权贸易网络入度中心度排名前 5 的国家

排序	1995 年		2003 年		2011 年		2018 年	
	国别	入度中心度	国别	入度中心度	国别	入度中心度	国别	入度中心度
1	日本	0.020	美国	0.037	爱尔兰	0.038	爱尔兰	0.031
2	美国	0.018	爱尔兰	0.026	美国	0.037	美国	0.026
3	英国	0.013	日本	0.022	日本	0.017	中国	0.015
4	德国	0.013	英国	0.019	英国	0.015	荷兰	0.011
5	爱尔兰	0.009	瑞士	0.018	瑞士	0.014	瑞士	0.010

4.1.3.3　发达经济体占据知识产权贸易顺差的同时新兴经济体的贸易逆差明显

在国际知识产权贸易网络中，发达经济体如美国、荷兰、日本、瑞士、德国、英国等，不仅出口额排名长期占据前 6 位，而且贸易顺差逐年增大（见表 4.5），核心优势地位十分明显。

表 4.5 主要发达经济体知识产权贸易差额 单位：亿美元

年份 \ 经济体	美国	荷兰	日本	瑞士	德国	英国
1995	223.447	4.787	-20.063	11.788	-21.158	3.260
2003	365.334	41.971	21.889	-22.862	-10.735	7.079
2011	704.864	207.514	104.154	41.432	16.859	16.780
2018	649.040	346.691	207.219	86.457	107.279	38.585

新兴经济体中的“金砖国家”，中国、印度、俄罗斯、南非和巴西发展不均衡。如表 4.6 所示，中国和印度的进出口排名一直呈现上升趋势，特别是中国，近年来知识产权进口额已跃入世界前十，出口额也在新兴经济体中处于领先地位。俄罗斯和南非排名稳中有降，而巴西则长期徘徊在三十多名。

表 4.6 1995 年、2003 年、2011 年、2018 年新兴经济体的知识产权贸易进/出口额排名

经济体 \ 年份	1995	2003	2011	2018
中国	19/29	11/26	6/25	3/16
印度	38/35	33/36	20/29	14/21
俄罗斯	32/32	28/28	18/31	22/35
南非	30/43	25/42	28/44	28/50
巴西	23/37	19/35	12/18	20/34

而新兴经济体的贸易逆差十分明显（见表 4.7），说明“金砖五国”在知识产权贸易网络中的地位虽然有所提高，但进出口十分不平衡，与发达经济体相比还有较大的差距。

表 4.7　新兴经济体知识产权贸易差额　　单位：亿美元

年份＼经济体	中国	印度	俄罗斯	南非	巴西
1995	-6.152	-1.250	-2.137	-3.141	-5.020
2003	-25.478	-3.863	-5.316	-6.706	-11.316
2011	-136.471	-22.977	-35.997	-17.178	-58.832
2018	-279.464	-54.679	-38.754	-17.957	-40.256

4.1.4　中国的国际知识产权贸易地位及特征分析

4.1.4.1　中国在知识产权贸易世界格局中的地位越来越高

中国在全球知识产权贸易格局中表现十分抢眼，年平均出口增长率（25.3%）和年平均进口增长率（18.3%）均高于世界贸易总额增长率（8.63%）。2018 年的知识产权贸易总额比 1995 年增长了近 47 倍。

中国在全球知识产权贸易格局中的地位根据贸易额增速和排名，可以分成如下三个阶段（见图 4.5）：

第一阶段，1995—2001 年，中速起步阶段。中国知识产权贸易总额翻了一番多，年平均贸易总额增长率为 16.89%。世界整体排名在第 20 位左右，进口和出口排名略有上升，其中进口排名从第 19 位升至第 15 位，而出口排名则多在 20~30 位中后段徘徊，最高排名为 1998 年的第 22 位。

第二阶段，2001—2013 年，高速爬坡阶段。中国知识产权贸易总额翻了近 8 倍，年平均贸易总额增长率为 22.75%。2001 年 11 月，中国加入世界贸易组织。与国际先进标准的接轨使中国知识产权贸易快速发展。世界整体排名进入 10~20 位段，2008—2013 年连续 6 年位居第 10。进口排名稳步上升至第 3 名，而出口仍徘徊在 20~30 位中后段。

第三阶段，2013—2018 年，稳步前进阶段。2013 年，“一带一路”倡议的提出，使中国继续保持高于世界水平的增长率，年平均贸易总额增长率达 12.79%。出口排名实现突破，进入 10～20 位段，而进口则一直保持世界第三。

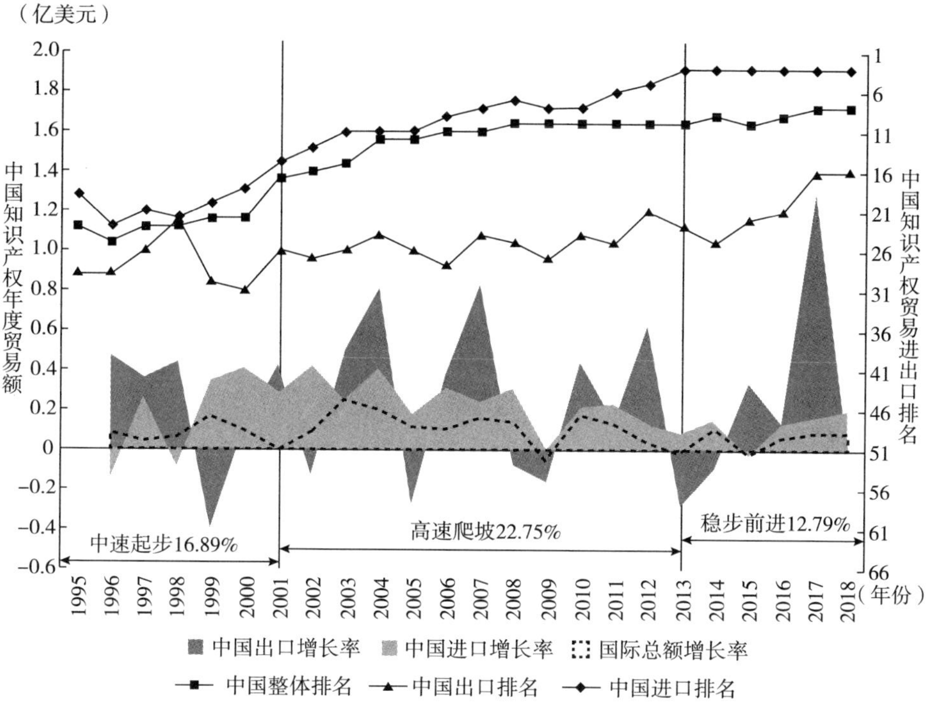

图 4.5 中国进出口排名和进出口增长率

资料来源：根据 OECD 数据计算得来。

4.1.4.2 中国知识产权贸易逆差不断增大

值得关注的是，尽管中国近 24 年来，知识产权贸易总额持续增长，排名不断靠前，但贸易逆差也逐渐拉大（见图 4.6），中心入度不断提高，而中心出度一直在0.000~0.002徘徊，进出口不平衡现象十分明显，且与美国的中心出度和入度相比，有较大的差距。这说明中国在整体网络地位的提高是凭借巨大的知识产权引进来实现的，创新能力有很大的进步空间，需要加强自主知识产权挖掘。但不可否认的是，知识产权的不断引进也在一定程度上刺激了中国自主知识产权的研发，促进了对外贸易的增长，成长空间和潜力巨大。

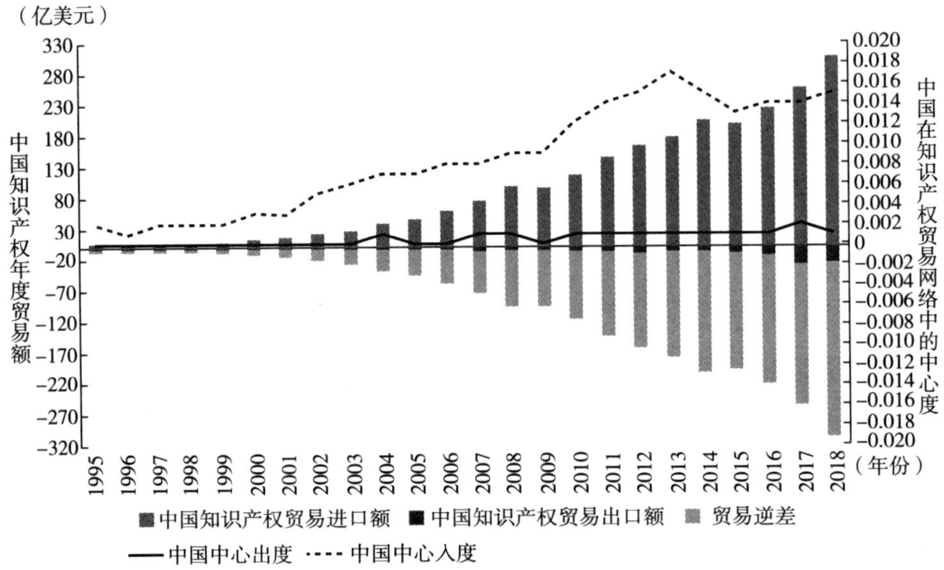

图4.6 中国知识产权贸易进口额、出口额和贸易逆差及中心出度和中心入度

资料来源：根据OECD数据计算得来。

4.1.5 总结

本节基于OECD数据库的知识产权使用费数据，使用社会网络分析方法，分析了知识产权国际贸易的演化趋势以及中国知识产权的国际贸易地位演化，得到了以下结论：

（1）1995 年《与贸易有关的知识产权协定》生效后的 24 年间，国际知识产权贸易总量增长超过全球国际贸易增长，在 1995 年至 2011 年经历了中高速增长之后，随着各国（地区）对自主知识产权的重视程度越来越高，且由于世界经济复苏持续放缓，知识产权国际贸易额在较高的总量水平基础上增长速度明显放缓。中国在全球知识产权贸易格局中表现十分抢眼，年平均出口增长率和年平均进口增长率均高于国际知识产权贸易总额增长率。2018 年的知识产权贸易总额比 1995 年增长了近 47 倍。

（2）在各国（地区）之间知识产权贸易关系增加的同时，以美国为首的欧美国家持续占据世界话语权和核心地位。但是，国际知识产权贸易网络格局在经历了中心化逐渐加强、中心化动荡之后，从 2012 年起呈现中心化逐渐减弱的明显趋势，这说明核心国家（地区）的中心和控制地位正在逐渐减弱，以中国为代表的新兴经济体中心化地位正在不断提高，而其他边缘国家（地区）之间的知识产权贸易往来正在不断加强，国际知识产权贸易格局出现多极化的发展趋势。

（3）从进口和出口贸易的结构上看，发达经济体持续占据知识产权出口贸易前列地位但是中心度下降明显，而新兴经济体在知识产权进口贸易中的地位不断提升。中国知识产权进口贸易总量排名从 1995 年的第 19 位上升到 2018 年的第 3 位。从进出口贸易差额上看，在发达经济体知识产权贸易顺差逐年增大的同时，包括中国在内的新兴经济体贸易逆差不断增大。

审视国际知识产权贸易格局，中国知识产权国际贸易的发展未来可期但任务艰巨。由于国家（地区）与国家（地区）之间的关系和互动非常复杂，提升中国在知识产权贸易中的地位和竞争力必须放在贸易网络的背景下，深入理解知识产权贸易网络的形成和演化机制，识别网络自组织结构、国家

（地区）属性以及外部网络中国家（地区）之间的关系。下一节将采用ERGM对此进行探讨。

4.2 国际知识产权贸易网络形成机制的回归分析

对ERGM模型进行拟合一般是先采用伪极大似然估计法对模型参数的初始值进行判别，接着采用马尔可夫链蒙特卡洛（MCMC）参数估计法在所有可能实现的网络中选取一个网络，将该网络的二元组随机选择，实现从1到0或者从0到1的转换，通过一系列的对比，考虑是接受转换后的新网络还是进行新一轮的二元组选择和转换。上述的过程在MCMC链完成之前是重复进行的。

本书以2018年世界知识产权贸易网络的数据为例，采用R语言Statnet程序对5个模型进行参数估计，分析知识产权贸易网络，并仿真模拟出最佳模拟网络。其中，模型1为简单模型，模型2为添加主效应和交互统计项后的模型，模型3至模型5则逐项增加几何统计项，形成综合模型。模型5总体通过了显著性检验，且与模型1~4相比，模型拟合指标赤池信息准则（AIC）、贝叶斯信息标准（BIC）都有所下降，拟合优度最高，说明同时包含网络内生网络结构变量、节点属性变量和外生网络变量的网络结构，更能刻画真实的知识产权贸易网络，同时实证结果也证明了模型具有稳健性。

指数随机图模型中，系数为正表示真实观测的知识产权贸易关系形成的概率比预测的高，即某种结构或属性对网络的形成具有促进作用；系数为负表示真实观测的知识产权贸易关系形成概率比预测的低，即对网络的形成具有抑制作用。各模型的估计结果分析如表4.8所示。

表 4.8 2018 年世界知识产权贸易网络 ERGM 参数估计结果

变量名称	变量符号	模型 1	模型 2	模型 3	模型 4	模型 5
网络密度	*edges*	-1.687*** (0.044)	-6.632*** (0.718)	-6.516*** (0.710)	-5.996*** (0.727)	-5.216*** (0.698)
创新属性同配性	*absdiff. I*		0.365*** (0.093)	0.357*** (0.095)	0.332*** (0.091)	0.293*** (0.087)
制度属性同配性	*absdiff. A*		0.120 (0.090)	0.112 (0.088)	0.104 (0.088)	0.173 (0.089)
经济属性同配性	*absdiff. E*		-0.470** (0.178)	-0.475** (0.173)	-0.375* (0.172)	-0.058 (0.173)
创新属性发送者效应	*nodeocov. I*		-0.190 (0.109)	-0.189 (0.109)	-0.170 (0.108)	-0.160 (0.099)
创新属性接收者效应	*nodeicov. I*		-0.126 (0.114)	-0.111 (0.113)	-0.081 (0.112)	-0.091 (0.093)
制度属性发送者效应	*nodeocov. A*		-0.211** (0.073)	-0.243** (0.078)	-0.191* (0.076)	-0.082 (0.076)
制度属性接收者效应	*nodeicov. A*		0.818*** (0.070)	0.821*** (0.070)	0.740*** (0.071)	0.452*** (0.069)
经济属性发送者效应	*nodeocov. E*		0.449* (0.203)	0.363 (0.211)	0.367 (0.211)	0.618** (0.205)
经济属性接收者效应	*nodeicov. E*		2.676*** (0.222)	2.655*** (0.227)	2.393*** (0.225)	1.737*** (0.205)
文化距离网络	*edgecov. C*		-0.046 (0.051)	-0.043 (0.049)	-0.050 (0.051)	-0.056 (0.050)
地理距离网络	*edgecov. G*		-1.872*** (0.144)	-1.815*** (0.151)	-1.679*** (0.150)	-1.492*** (0.144)
互惠性	*mutual*			0.284 (0.240)	0.224 (0.231)	0.183 (0.236)
积极性	*gwodegree*				-6.078*** (1.035)	-3.141** (1.015)
流行性	*gwidegree*				-1.890*** (0.494)	-0.866 (0.484)

续表

变量名称	变量符号	模型 1	模型 2	模型 3	模型 4	模型 5
多连通性	*gwdsp*					−0. 152*** (0. 019)
传递性	*gwesp*					0. 567*** (0. 169)
AIC			2261. 390	2262. 038	2231. 688	2165. 103
BIC			2336. 633	2343. 551	2325. 742	2271. 697
Log Likelihood			−1118. 695	−1118. 019	−1100. 844	−1065. 551

注：*** 表示 p<0. 001；** 表示 p<0. 01；* 表示 p<0. 05。

资料来源：根据 R 编程计算得到。

4. 2. 1　自组织结构机制

在自组织结构机制检验中，模型 2~5 中的互惠效应估计系数均为正但不显著，说明国家（地区）间的知识产权贸易伙伴关系比较广泛，彼此间不存在很强的依赖性，H_0 未得到验证。

积极性和流行性在模型 4 和模型 5 中的估计系数均为负且在综合模型中显著性减弱，说明二值化的知识产权贸易网络不以出度或入度为中心，大部分国家（地区）的点出度和点入度水平相似，说明在不考虑贸易关系强度的情况下，各国（地区）间的知识产权贸易往来十分频繁。进出口市场选择较多。H_1 和 H_2 未得到验证。

多连通性估计系数显著为负且传递性估计系数显著为正，说明国际知识产权贸易网络具有显著的循环闭合效应，国家（地区）间的知识产权贸易有抱团现象，呈集群化趋势。国家（地区）间通过共同的伙伴寻找潜在合作者，建立贸易关系，网络集聚性较强，解释了前文的“小世界”特征。美国、日本、荷兰等出/入度中心度较高的国家（地区）充当“中间人”角色，在知识产权贸易中具有较强的控制能力。H_3 得到验证。

4.2.2 节点属性机制

在节点属性的同配性检验中，估计系数为负代表具有同配性；为正则反之。模型 2 至模型 5 的结果基本一致，只有经济属性的同配性估计系数显著性逐渐减弱。其中，创新属性的同配性估计系数显著为正，说明创新水平差异较大的国家（地区）之间更容易进行知识产权交易。H_4 被推翻。制度水平的同配性估计系数为正，说明制度水平相似的国家（地区）并不一定更容易建立和发展知识产权贸易关系。与模型 2 至模型 4 相比，模型 5 中经济水平的同配性估计系数为负，但不显著，说明经济水平相似的国家（地区）在受到某些网络自组织结构因素的影响下，不一定能够建立和发展知识产权贸易关系。H_5、H_6 均未得到验证。

在节点属性的异质性检验中，模型 2 至模型 5 的结果基本一致，只有制度水平的发送者效应估计系数显著性逐渐减弱。其中，创新水平的发送者效应和接收者效应估计系数均为负，说明创新水平的高低并不显著影响一国（地区）的知识产权进口或出口，H_7 和 H_8 均未得到验证。模型 5 中，制度水平的发送者效应估计系数为负，接收者效应估计系数显著为正，说明一国（地区）的治理水平越高，法律法规越健全，越有利于吸引更多的知识产权进口，H_{10} 得到验证。而在综合因素的影响下对出口则有一定的抑制作用，说明一国（地区）在挑选贸易合作伙伴时，其贸易政策、知识产权保护制度或技术标准都可能成为出口壁垒，H_9 未得到验证。经济水平的发送者效应和接收者效应估计系数均显著为正，说明一国（地区）的经济水平高低对知识产权贸易的进出口影响都比较大，特别是进口。经济水平越高，越能吸纳更多的海外知识产权，中国和美国都是知识产权进口大国，H_{11} 和 H_{12} 得到验证。

4.2.3 外部环境机制

在外部环境机制中，模型 2 至模型 5 的结果一致。文化距离网络的估计系数为负，意味着文化距离对知识产权贸易网络的形成有一定的抑制作用。知识产权贸易双方的文化差异越小，则越有助于知识产权贸易网络关系的形成。负相关性不显著，说明随着全球经济一体化和文化的多样性，特别是在知识产权贸易中，文化因素的影响力在减弱。H_{13} 未得到验证。

地理距离网络的估计系数显著为负，说明地理位置的远近对知识产权贸易仍有较大影响。这可能跟一部分知识产权贸易是附加在货物贸易上完成的有一定关系。H_{14} 得到验证。

4.2.4 模型拟合

本书的模型拟合效果用两种方法检验。第一种是赤池信息准则（AIC）和贝叶斯信息标准（BIC）。通常情况下，模型所包含的参数越多，离差的值就会越小；AIC 和 BIC 方法恰恰是考虑到这一点。因其剔除了那些包含了过多参数但没有解释足够丰富信息模型的做法，AIC 和 BIC 方法被认为是进行模型拟合效果评价的更好方法（Akaike，1973；Schwarz，1978）。AIC 和 BIC 的值越低，说明仿真网络的拟合优度越好。因此，模型 5 是拟合优度最佳的模型。

第二种是基于仿真的可视化模型拟合优度评价方法。在模型拟合优度图中，粗黑色线代表了国际知识产权贸易网络的测量结果，灰色线则代表了仿真网络在 95%的置信区间时的测量结果。当黑色线落在灰色线条之间时，就说明仿真网络能够较好地代表观测网络的结构特征（Harris，2013）。如图 4.7 所示，知识产权贸易仿真网络能够较好地解释度中心度、距离、边共享伙伴等特征。

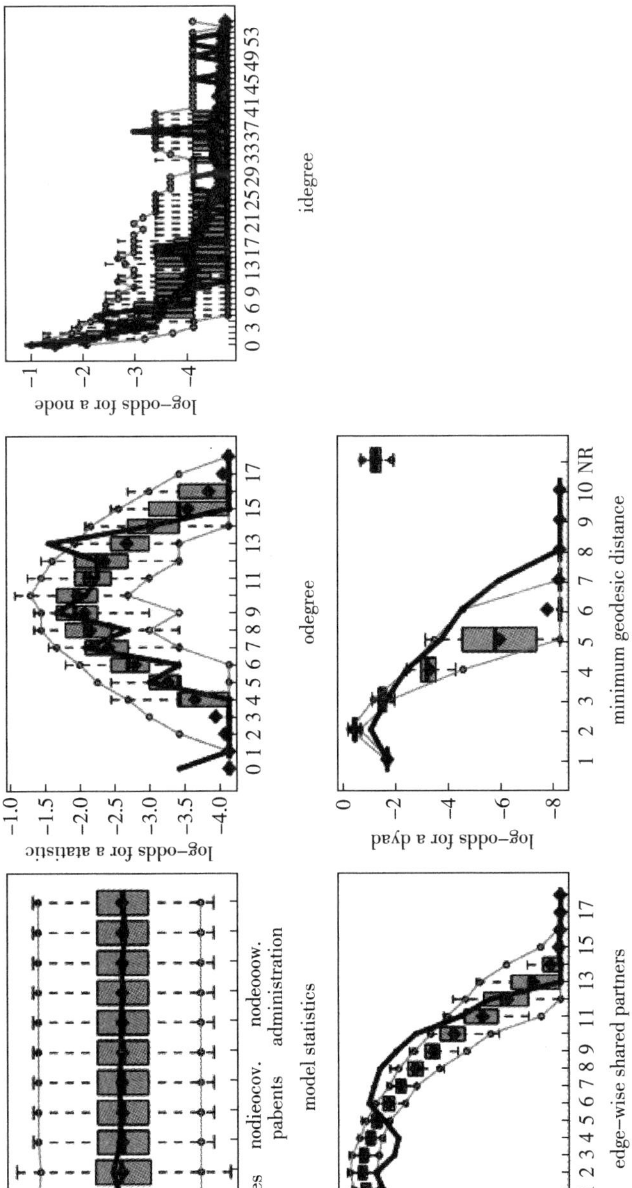

图 4.7 国际知识产权贸易网络模型拟合优度图

资料来源：根据 R 编程绘制。

除了利用上述方法检测模型的拟合优度之外，模型诊断（Model Diagnostics）也能够辅助判断估计算法是已经收敛还是存在近似退化问题，进而判断究竟是模型本身还是模型估计设置条件需要进行调整。如果模型能够收敛，那么模型中每一个统计项的图将会表现为以 0 为中心随机变化，这里 0 代表观测网络对应统计项的统计值。如图 4.8 所示，本书统计项的图表都是围绕 0 随机变化的。总体而言，模型诊断的结果显示该模型是一个稳定的模型。

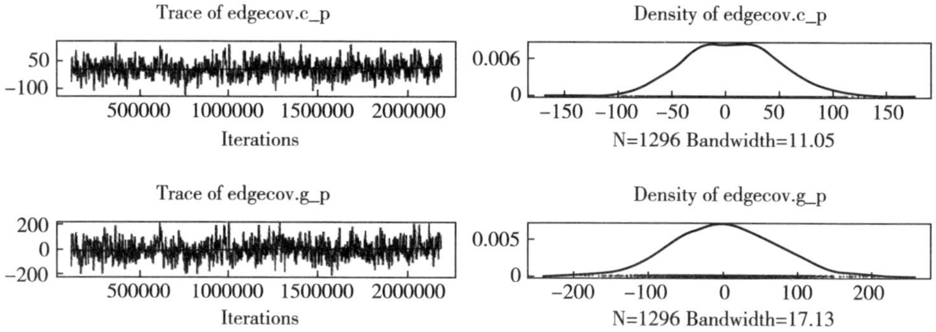

图 4.8 国际知识产权贸易网络 MCMC 模型诊断

资料来源：根据 R 编程绘制。

4.2.5 总结

综上所述，国际知识产权贸易网络的形成受到内外部因素的影响。网络的内部因素或自组织结构，以及包括节点属性和节点间关系在内的外部因素，都有助于知识产权贸易网络的形成和演化，影响一个国家（地区）在网络中的地位。其中，节点的属性和节点之间的关系，即创新、文化、制度、地理和经济等因素对网络的形成和节点的地位有较大的影响。

知识产权贸易网络的形成和演化机制是十分复杂的，尤其是网络本身的机制。因此，比较可行的是继续探索与节点相关的 I-CAGE 因素如何协同影响中国地位的提升，此举具有重要的现实意义。

4.3 中国在国际知识产权贸易网络中提升路径的定性分析

本节基于I-CAGE框架，以62个国家（地区）为研究对象（塞浦路斯、中国澳门、中国台湾地区部分变量数据缺失），运用fsQCA分析创新因素、文化因素、制度因素、地理因素和经济因素对中国知识产权贸易竞争力的影响，探索中国发展知识产权国际贸易的组态路径。

4.3.1 变量校准

在fsQCA分析中，条件变量（创新因素、文化因素、制度因素、地理因素和经济因素）和结果变量［中国对每个国家（地区）的进出口额］分别被视为一个集合（Ragin，2009）。需要将原始数据转换为集合的数据，以便这些集合中的每个变量都具有隶属资格，并且其值范围为0~1。当模糊集的隶属度为1时，表示某一变量完全隶属于某一集合；当模糊集为0时，某个变量为完全不隶属（Campbell et al.，2016；Misangyi et al.，2017）。案例被赋予集合隶属分数的历程称之为校准（杜运周和贾良定，2017）。对变量的校准过程常常是在理论和实践基础上，设置3个临界值：完全隶属、交叉点、完全不隶属。本书参考已有研究（Andrews et al.，2016；谭海波等，2019），运用直接校准法分别设置案例样本的95%、50%、5%为结果变量和条件变量的完全隶属、交叉点、完全不隶属的校准锚点。具体校准锚点及描述性统计如表4.9所示。

表 4.9 描述性统计及校准锚点

条件和结果	描述性统计				校准锚点		
	均值	标准差	最小值	最大值	完全隶属	交叉点	完全不隶属
中国知识产权出口额	45.076	84.148	0.065	436.062	208.830	10.548	0.330
中国知识产权进口额	491.340	1383.22	0.199	8243.642	2820.249	13.862	0.387
创新因素	14443.61	51260.77	0	285095	45532.45	1017	24
文化因素	2.71769	1.198	0.332	5.126	4.703	2.5968	0.648
制度因素	2.638	1.918	0.13043	6.394	6.131	2.1538	0.3318
地理因素	8374.229	3965.214	1168.165	19110.13	17220.94	7795.574	2613.129
经济因素	130339.3	12804.94	663323.38	138795.2	138594.2	135330.9	109940.3

4.3.2 必要性分析

进行组态分析时，首先需要进行必要条件分析，以确定某个条件是不是生成结果所必需的。必要条件分析（NCA）和定性比较分析（QCA）都可以分析某个条件是不是生成结果的必要条件，但 QCA 侧重于条件的组态效应（Dul，2016）。因此，本书先采用 NCA 方法定量测度创新因素、文化因素、制度因素、地理因素和经济因素是不是中国知识产权高进出口的必要条件，以及它们对促进中国知识产权国际贸易的重要性；然后与 fsQCA 中的必要条件分析进行比较，以进一步测试必要条件的稳健性。

NCA 通过分析前因条件的必要性效应量及其显著性来识别必要条件，并通过瓶颈水平分析评估前因条件的必要水平值（杜运周等，2020）。效应量的值域为［0，1］，越接近 1 代表效应越大，NCA 提供了蒙特卡洛仿真置换检验分析其显著性（Dul et al.，2020）。NCA 方法提供了上限回归（Ceiling Regression，CR）和上限包络分析（Ceiling Envelopment，CE）两种估计方法，分别用于处理连续变量和离散变量（Du et al.，2022）。当单个条件的效应量（d）大于0.1，且P值检验显示效应量显著时（$P<0.05$），认为该条件是结果的一个必要条件（Du et al.，2020；Du & Kim，2021）。

表4.10报告了中国知识产权贸易高出口额的NCA单个条件必要性分析。结果显示，制度因素的CR估计效应量为0.176，且P值检验显示效应量显著，说明制度因素是构成中国知识产权贸易高出口额的必要条件。此外，表4.11报告了瓶颈水平分析结果。瓶颈水平是指，要达到结果变量最大观测范围的某一水平，各前因条件最大观测范围内需要满足的相应水平（单位:%）（Du et al.，2020）。由表4.11可知，要达到50%的高出口额水平，需要0.2%水平的制度因素和0.9%水平的创新因素；要达到90%的高出口额水平，需要56.1%水平的制度因素和4.6%水平的创新因素。

表4.10 中国知识产权贸易高出口额NCA必要性分析结果

前因条件①	方法	精确度（%）	上限区域	范围	效应量d	P值②
创新因素	CR	98.4	0.015	0.92	0.017	0.415
	CE	100	0.012	0.92	0.013	0.479
经济因素	CR	100	0.000	0.92	0.000	1.000
	CE	100	0.000	0.92	0.000	1.000
制度因素	CR	90.3	0.157	0.89	0.176	0.026
	CE	100	0.154	0.89	0.172	0.003
文化因素	CR	100	0.000	0.90	0.000	1.000
	CE	100	0.000	0.90	0.000	1.000
地理因素	CR	100	0.000	0.91	0.000	0.965
	CE	100	0.000	0.91	0.000	0.965

注：①采用校准后模糊集隶属度值；②采用置换检验（Permutation Test），重复采样次数=10000。下同。

表 4.11　NCA 对高出口额单个条件必要性瓶颈水平的分析　　单位：%

Y	创新因素	文化因素	制度因素	地理因素	经济因素	Y	创新因素	文化因素	制度因素	地理因素	经济因素
0	NN	NN	NN	NN	NN	60	1.8	NN	14.2	NN	NN
10	NN	NN	NN	NN	NN	70	2.8	NN	28.2	NN	NN
20	NN	NN	NN	NN	NN	80	3.7	NN	42.1	NN	NN
30	NN	NN	NN	NN	NN	90	4.6	NN	56.1	NN	NN
40	NN	NN	NN	NN	NN	100	5.6	NN	70.1	1.1	NN
50	0.9	NN	0.2	NN	NN						

注：分析方法为 CR 方法，NN 表示不必要。后表同。

表 4.12 报告了中国知识产权贸易高进口额的 NCA 单个条件必要性分析。结果显示，创新因素和制度因素是构成中国知识产权贸易高进口额的必要条件。此外，由表 4.13 的瓶颈水平分析可知，要达到 50%的高进口额水平，需要 28%水平的制度因素；要达到 90%的高进口额水平，需要 58.6%水平的制度因素、71%水平的创新因素和 14.8%水平的文化因素。

表 4.12　中国知识产权贸易高进口额 NCA 必要性分析结果

前因条件	方法	精确度（%）	上限区域	范围	效应量 d	P 值
创新因素	CR	95.2	0.168	0.91	0.184	0.000
	CE	100	0.183	0.91	0.201	0.000
经济因素	CR	100	0.000	0.91	0.000	1.000
	CE	100	0.000	0.91	0.000	1.000
制度因素	CR	83.9	0.254	0.88	0.287	0.000
	CE	100	0.259	0.88	0.293	0.000
文化因素	CR	96.8	0.026	0.89	0.030	0.695
	CE	100	0.035	0.89	0.040	0.596

续表

前因条件	方法	精确度（%）	上限区域	范围	效应量 d	P 值
地理因素	CR	100	0.000	0.90	0.000	0.965
	CE	100	0.000	0.90	0.000	0.965

资料来源：根据 R 编程计算得到。

表 4.13 NCA 对高进口额单个条件必要性瓶颈水平的分析 单位:%

Y	创新因素	文化因素	制度因素	地理因素	经济因素	Y	创新因素	文化因素	制度因素	地理因素	经济因素
0	NN	NN	NN	NN	NN	60	NN	NN	35.7	NN	NN
10	NN	NN	NN	NN	NN	70	20.6	NN	43.3	NN	NN
20	NN	NN	5.1	NN	NN	80	45.8	0.3	51.0	NN	NN
30	NN	NN	12.7	NN	NN	90	71.0	14.8	58.6	NN	NN
40	NN	NN	20.4	NN	NN	100	96.2	29.3	66.2	1.1	NN
50	NN	NN	28.0	NN	NN						

资料来源：根据 R 编程计算得到。

本书进一步采用 fsQCA 方法分析单个因素的必要性。在 fsQCA 分析过程中，若单项的一致性大于 0.9，则意味着该条件是结果变量的必要条件（Schneider & Wagemann，2010）。从表 4.14 和表 4.15 的检验结果可知，对于中国的知识产权贸易高出口额和高进口额，均不存在必要条件。在中国知识产权高出口额组态的必要性分析中，创新因素的一致性相对较高，为 0.737，说明贸易伙伴的创新水平对中国的知识产权出口有较大影响。而在中国知识产权高进口额组态的必要条件分析中，制度因素的一致性相对较高，为 0.809，说明贸易伙伴的制度水平对中国的知识产权进口有较大影响。这与 NCA 结果存在部分一致性。

表 4.14 中国知识产权贸易高出口额 QCA 方法的必要性分析

前因条件	Consistency	Coverage	前因条件	Consistency	Coverage
创新因素	0.737660	0.797814	~创新因素	0.696852	0.469249
地理因素	0.650991	0.560013	~地理因素	0.762145	0.611094
文化因素	0.673922	0.544085	~文化因素	0.663039	0.566213
经济因素	0.565488	0.431751	~经济因素	0.849981	0.772791
制度因素	0.699573	0.612662	~制度因素	0.563156	0.444206

表 4.15 中国知识产权贸易高进口额 QCA 方法的必要性分析

前因条件	Consistency	Coverage	前因条件	Consistency	Coverage
创新因素	0.788150	0.777217	~创新因素	0.723359	0.444125
文化因素	0.730605	0.537810	~文化因素	0.619352	0.482244
制度因素	0.809463	0.646358	~制度因素	0.501705	0.360822
地理因素	0.779625	0.554330	~地理因素	0.779625	0.569959
经济因素	0.601023	0.418398	~经济因素	0.846121	0.701413

另外，值得关注的是，2018 年中国是 GDP 排名第二的国家，因此，经济距离越大，说明贸易伙伴经济水平越低；经济距离越小，说明贸易伙伴经济水平越高。也就是说，在中国知识产权贸易出口组态和进口组态的 fsQCA 必要性分析中，经济距离代表贸易伙伴的经济水平较低，而非经济距离代表贸易伙伴的经济水平较高。从检验结果可知，非经济距离的一致性在出口组态和进口组态中都是最高的，分别为 0.849 和 0.846，说明经济因素对中国知识产权的进出口都起着非常重要的作用。

4.3.3 组态分析

本书采用 fsQCA 软件分析了中国知识产权贸易实现高出口额和高进口额的路径组态，不同的组态表示实现高出口额和高进口额的不同因素匹配路径。

参照已有研究，在进行组态分析时将原始一致性阈值设置为 0. 80（谢智敏等，2022），PRI 一致性阈值设置为 0. 50（Greckhamer et al. ，2018），将案例频数阈值设置为 1（王进富等，2023）。通过对比标准化分析得到的中间解和简约解，识别各组态中的核心条件和边缘条件，最终得到高出口和高进口 QCA 分析结果分别如表 4. 16 和表 4. 17 所示。

表 4. 16　中国知识产权贸易高出口额的组态

前因条件	中国知识产权贸易高出口额		
	H1	H2	H3
创新因素	•	●	
文化因素		⊗	•
制度因素	●		●
地理因素		⊗	•
经济因素	⊗	⊗	⊗
一致性	0. 907	0. 888	0. 918
原始覆盖度	0. 525	0. 481	0. 459
唯一覆盖度	0. 027	0. 149	0. 043
解的一致性		0. 869	
解的覆盖度		0. 717	

注：●表示核心条件存在，⊗表示核心条件不存在，•表示辅助条件存在，⊗表示辅助条件不存在；空白处表示该变量存在与否对结果不产生任何影响。后表同。

资料来源：根据 fsQCA 计算得到。

表 4. 17　中国知识产权贸易高进口额的组态

前因条件	中国知识产权贸易高出口额		
	H1	H2	H3
创新因素	•	●	
文化因素		•	•

续表

前因条件	中国知识产权贸易高出口额		
	H1	H2	H3
制度因素	●	●	●
地理因素		⊗	•
经济因素	⊗		⊗
一致性	0.967	0.961	0.932
原始覆盖度	0.613	0.469	0.511
唯一覆盖度	0.109	0.022	0.037
解的一致性		0.945	
解的覆盖度		0.673	

资料来源：根据 fsQCA 计算得到。

4.3.3.1 中国知识产权贸易高出口组态分析

实现中国知识产权贸易高出口额的 I-CAGE 匹配路径共 3 条，其一致性与整体解的一致性均高于 0.8。根据组态理论化过程，参照已有研究（杜运周等，2020），将中国知识产权贸易高出口额的组态路径命名为“经济驱动下制度主导型”“文化驱动下创新主导型”和“经典 CAGE 主导型”。

组态 H1：经济驱动下制度主导型。在该路径中，制度因素和经济因素是核心条件，创新因素是辅助条件，地理因素条件缺失，说明高出口额发生在经济水平较高且制度水平较高的国家（地区），这些国家（地区）的创新水平必然也比较高。代表国家为：德国、日本、美国、英国、法国、加拿大、韩国、澳大利亚、奥地利、荷兰、西班牙、瑞典。在这些国家中，与中国制度距离最小的是韩国和西班牙，但其校准值分别为 0.54 和 0.51，也超过了半数的国家（地区）。虽然与其他欧美发达经济体相比，韩国和西班牙制度水平相对较低，但由于两国经济发展水平相对较高，经济体量较大，特别是与澳大利亚、奥地利、荷兰、瑞典等相比，受经济发展的驱动效果明显。而知识产权强国美国、日本、德国、法国、英国的经济水平、制度水平和创新水平都名列前茅，是中国的重点出口目标，它们也牢牢占据着全球知识产权贸易的核心地位。

组态 H2：文化驱动下创新主导型。在该路径中，创新因素、文化因素、地理因素和经济因素是核心条件，说明高出口额发生在地理位置较近，文化差距较小，且经济水平与中国相差不大，创新水平较高的国家（地区）。代表国家为：韩国、印度、俄罗斯、日本、土耳其、印度尼西亚。相较于第一条路径，这些国家与中国地理位置相近，都有着悠久的贸易往来和文化渊源。特别是受文化相近性和“一带一路”倡议的驱动，中国对共建“一带一路”国家（地区）的知识产权出口有着天然优势。在共建“一带一路”国家（地区）中，印度、土耳其、印度尼西亚的创新水平相对较高，创新因素变量的校准值分别为 0.74、0.6 和 0.51。也就是说，文化驱动之下，创新水平较高的国家（地区）是中国知识产权出口的主要目标。

组态 H3：经典 CAGE 主导型。在该路径中，制度因素和经济因素是核心条件，文化因素和地理因素是辅助条件，创新因素条件缺失，说明在不考虑创新水平的情况下，经典的 CAGE 四要素对中国的知识产权出口起着主导作用。代表国家为：美国、加拿大、英国、澳大利亚、比利时、荷兰、奥地利和爱尔兰。这条路径说明，一方面，CAGE 框架对于国际贸易具有普遍的解释性和适用性。由于部分知识产权的转让和使用是附加在货物贸易上完成的，因此，通过发展货物出口贸易来促进知识产权出口贸易也是一条十分可行的路径。另一方面，对于创新水平并不高的国家（地区），如爱尔兰和比利时（创新因素的校准值分别仅为 0.05 和 0.39），制度因素、经济因素、文化因素和地理因素协同促进了中国对其知识产权贸易出口。这都给提高中国知识产权贸易的出口地位提供了新思路。

以上组态分析基于I-CAGE框架解释了中国提高知识产权出口额的三条路径。创新因素、文化因素、制度因素、地理因素和经济因素的协同效应十分显著。

4.3.3.2　中国知识产权贸易高进口组态分析

实现中国知识产权贸易高进口额的I-CAGE匹配路径也是3条，其一致性与整体解的一致性也均高于0.8。根据核心条件和辅助条件的特点，可以把这3条高进口额组态路径命名为“经济驱动下制度或创新主导型”“制度和创新主导型”和“经典CAGE主导型”。其中，第一条路径和第三条路径与高出口额组态分析的结果一致，代表国家也一致。制度因素在三条路径中都是核心条件。

组态H1：经济驱动下制度或创新主导型。在该路径中，制度因素和经济因素是核心条件，创新因素是辅助条件，文化因素和地理因素条件缺失。高进口额来自经济水平较高且制度水平较高或创新水平不低的国家（地区）。代表国家为：德国、日本、美国、英国、法国、加拿大、韩国、澳大利亚、奥地利、荷兰、西班牙、瑞典。其中，韩国是经济驱动下创新主导型的典型代表。其经济总量虽然与中国有一定的差距，但发展速度很快，紧随欧美发达经济体的脚步，全球治理水平的六个维度均高于中国，尤其是创新水平非常高，2018年专利申请量在62个国家（地区）中排名第三。澳大利亚、奥地利、瑞典可以被认为是经济驱动下制度主导型的典型代表。因其治理水平非常高，对知识产权的管理和交易必定十分规范。中国不仅追求知识产权贸易的快速发展，更重视其高质量的发展。从这样的国家（地区）进口知识产权也符合这样的定位和需求。值得关注的是西班牙，其创新水平和制度水平都居于中位，校准值都是0.51。而中国从西班牙的知识产权进口额也居于中位，校准值也是0.51。也就是说，在经济发展的驱动下，创新和制度共同促进了中国从西班牙的知识产权进口。而知识产权强国美国、日本、德国、法国、英国在经济发展、治理水平和创新水平上都有绝对的优势，在知识产权贸易进口网络中占据核心地位，也是目前中国发展知识产权贸易的重点进口国。

组态 H2：制度和创新主导型。在该路径中，创新因素和制度因素是核心条件，文化因素和地理因素是辅助条件，经济因素条件缺失。高进口额来自文化差异较大，地理位置较远，创新水平和制度水平相对较高的国家（地区）。代表国家为：芬兰和瑞典。与第一条路径中的高进口额国家相比，中国从这两个国家的知识产权进口额处于中等偏上的位置，校准值分别为 0.57 和 0.61。芬兰和瑞典与中国的制度差距非常大，校准值分别为 0.95 和 0.93，在 62 个国家（地区）中排名分别为第 2 位和第 8 位，治理水平非常高。与此同时，其创新水平居于中位，校准值都是 0.51。也就是说，非常稳定的政体和高质量的治理水平保证了规范的知识产权管理，实现了知识产权的高水平输出，更吸引了中国的关注。尤其是芬兰，经济发展水平与中国差异较大，校准值为 0.7。但依靠国家治理和创新发展，也极大地促进了知识产权贸易的出口。

组态 H3：经典 CAGE 主导型。在该路径中，制度因素和经济因素是核心条件，文化因素和地理因素是辅助条件，创新因素条件缺失，说明在不考虑创新水平的情况下，经典的 CAGE 四要素对中国的知识产权进口起着主导作用。代表国家为：美国、加拿大、英国、澳大利亚、比利时、荷兰、奥地利、爱尔兰。比利时和爱尔兰是这一路径的典型代表。其创新水平虽然较低，仍吸引了中国中位以上的知识产权进口，校准值分别为 0.54 和 0.66。一方面，依靠传统货物贸易发展知识产权贸易的可行性非常高。在创新水平并不突出的情况下，可以发挥制度因素、经济因素、文化因素和地理因素的协同作用促进知识产权贸易出口。另一方面，中国作为进口国，正处在知识产权贸易的飞速发展期，特别重视知识产权的引进质量。尽管比利时和爱尔兰的专利申请量不高，但只要有利于创新发展，都是重点的引进目标。另外，由于爱尔兰的低税率和其他特殊的税法制度，众多高科技公司以位于爱尔兰的子公司对外支付知识产权使用费转移收入，作为避税跳板。因此，爱尔兰变相拥有了较多的知识产权，这也是中国与爱尔兰的知识产权贸易比较频繁的原因之一。

4.3.4 稳健性检验

fsQCA 是一种集合论方法，当轻微改变操作，产生的结果间存在子集合关系，但不会改变研究发现的实质解释时，视为稳健（杜运周等，2020）。本书通过将原始一致性的阈值降低至 0.75 和将隶属度得分为 0.5 的数据修改为 0.501（Greckhamer，2016），且频数阈值上调至 2 的两种方法来确保 fsQCA 结果在不同情况下的稳健性。基准模型和两种调整模型的中间解结果如表 4.18 所示。表 4.18 显示，两种调整模型和基准模型基本一致或具有清晰的子集关系，即本书得到的中国知识产权贸易高出口额和高进口额的组态结果是稳健的。

表 4.18 对高进口和高出口额基准模型的检验

模型	对高出口额基准模型的检验							对高进口额基准模型的检验						
	构型	创新因素	文化因素	制度因素	地理因素	经济因素	构型子集关系	构型	创新因素	文化因素	制度因素	地理因素	经济因素	构型子集关系
基准模型	H1	•		•		⊗	H1	H1	•		•		⊗	H1
	H2	•	⊗		⊗	⊗	H2	H2	•	•	•	⊗		H2
	H3		•	•	•	⊗	H3	H3		•	•	•	⊗	H3

续表

模型	对高出口额基准模型的检验							对高进口额基准模型的检验						
	构型	创新因素	文化因素	制度因素	地理因素	经济因素	构型子集关系	构型	创新因素	文化因素	制度因素	地理因素	经济因素	构型子集关系
降低原始一致性阈值	R1	•		•		⊗	同 H1	R1	•		•		⊗	同 H1
	R2	•	⊗		⊗	⊗	同 H2	R2	•	•	•	⊗		同 H2
	R3		•	•	•	⊗	同 H3	R3		•	•	•	⊗	同 H3
提高频数阈值	R4	•	⊗	•		⊗	H1 子集	R4	•		•		⊗	同 H1
	R5	•	⊗		⊗	⊗	同 H2	R5	•	•	•	⊗		同 H2
	R6		•	•	•	⊗	同 H3	R6		•	•	•	⊗	同 H3

注：基准模型是本书的主要研究结果，仅汇报中间解，不区分核心与边缘条件。

4.3.5 总结

对节点相关 I-CAGE 因素的探索，为中国发展和提升知识产权贸易网络地位提供了更多的实践指导和多种路径。高出口的三条路径是“经济驱动下制度主导型”“文化驱动下创新主导型”和“经典 CAGE 主导型”。高进口的三条路径是“经济驱动下制度或创新主导型”“制度和创新主导型”和“经典 CAGE 主导型”。条条大路通罗马，知识产权贸易的发展必然依赖于各种内外因素，对不同的国家（地区）也会采取不同的政策。这些 I-CAGE 因素不仅会影响中国在知识产权贸易网络中的地位，也会影响知识产权贸易网络本身。

5 结论和政策建议

5.1 主要结论

社会网络理论的发展为国际知识产权贸易的研究提供了新的视角。此外，创新性地将技术差距理论与 CAGE 框架结合起来的 I-CAGE 框架为识别和探索国际知识产权贸易网络的影响因素以及中国在其中的地位提供了科学的理论框架。

本书首先基于 1995—2018 年国际知识产权双边贸易原始数据，运用社会网络分析方法对国际知识产权贸易网络的整体和局部特征进行了全新的解构，分析了中国在其中的地位。其次，基于 ERGM 模型对知识产权贸易网络进行了全面的剖析，就网络内生因素和外生因素的影响进行回归分析，分析创新因素、文化因素、制度因素、地理因素和经济因素对网络形成的影响。最后，基于模糊集定性比较分析方法探究各因素的协同作用，识别出中国地位提升的关键路径。以下是主要发现：

（1）知识产权贸易网络的整体网络、空间结构及节点均呈现显著演变特征。宏观层面，知识产权贸易网络拓扑结构呈动态演变趋势。网络密度增大，节点与边数增多，加权出度和入度增加，说明网络规模持续扩张，贸易往来日益频繁。平均聚类系数上升，平均路径长度变短，表明世界知识产权贸易网络呈现“小世界”特征。中观层面，知识产权贸易网络空间结构化特征突出。贸易网络“核心-边缘”结构明显，整体中心性由弱到强再由强到弱，呈现出逐渐中心化又逐渐去中心化的演进历程。微观层面，知识产权贸易网络节点表现各异。出入度大国较为固定，体现了大国的引领和示范作用。世界各国（地区）存在着发展的不平衡性。中国表现十分抢眼，增速和排名均有较大程度的提高，但进出口十分不平衡，贸易逆差逐渐拉大，与美国、日本和西欧国家等知识产权强国相比还有较大的差距。

（2）根据 ERGM 回归结果可以看出，知识产权贸易网络的形成受到内生因素和外生因素的影响。从内生因素来看，国家（地区）间的知识产权贸易伙伴关系比较广泛，往来频繁，但彼此间不存在很强的依赖性，呈集群化趋势。

从外生因素来看，创新因素、文化因素、制度因素、地理因素和经济因素都不同程度地对知识产权贸易网络的形成产生影响。

在创新因素方面，创新水平差异较大的国家（地区）之间更容易进行知识产权交易，但创新水平的高低并不显著影响一国（地区）的知识产权进口或出口，也就是说，知识产权贸易与一国（地区）拥有的专利数量并没有形成正相关关系。

在文化因素方面，文化距离对知识产权贸易网络的形成有一定的抑制作用。但随着全球经济一体化和文化多样性的发展，文化因素的影响力在减弱。

在制度因素方面，制度水平相似的国家（地区）并不一定更容易建立和发展知识产权贸易关系。一国（地区）的治理水平越高，法律法规越健全，越有利于吸引更多的知识产权进口，而对出口则有一定的抑制作用。

在地理因素方面，由于一部分知识产权贸易是附加在货物贸易上完成的，地理位置的远近对知识产权贸易仍有较大影响。

在经济因素方面，经济水平相似的国家（地区）不一定能够建立和发展知识产权贸易关系。一国（地区）的经济水平高低对知识产权贸易的进出口影响都比较大，特别是进口。经济水平越高，越能吸纳更多的海外知识产权。

（3）基于I-CAGE框架对中国知识产权贸易高出口额和高进口额的组态分析分别得出了三条路径。实现中国知识产权贸易高出口额的三条路径分别为“经济驱动下制度主导型”“文化驱动下创新主导型”和“经典CAGE主导型”。对于出口来说，经济因素是三条路径共有的核心条件。中国的知识产权主要流向了经济体量大、经济发展速度快的国家（地区）。这与ERGM的分析结果一致。创新因素在两条路径中非常重要，尤其是第二条“文化驱动下创新主导型”的路径。典型的代表国家是三个共建“一带一路”国家印度、土耳其和印度尼西亚。在这条路径上，文化相似和地理相近是中国提高知识产权出口的有利因素。而文化距离较大，地理位置较远的欧美发达经济体，通常也是治理水平较高，创新水平较高的国家（地区）更容易从中国引进知识产权。另外，由于部分知识产权出口是附加在货物出口上实现的，因此对于创新水平比较低的国家（地区），也可以通过制度因素、经济因素、文化因素和地理因素的协同作用促进中国对其知识产权贸易出口。

实现中国知识产权贸易高进口额的三条路径分别为“经济驱动下制度或创新主导型”“制度和创新主导型”和“经典CAGE主导型”。对于进口来说，制度因素是三条路径共有的核心条件。治理水平高代表国家政（地区）

治稳定，知识产权管理规范，符合中国发展高质量知识产权贸易的定位和需求，更能吸引中国的进口。创新因素对中国的知识产权进口也十分重要，尤其与中国相比经济体量较小、发展水平较低的北欧国家芬兰和比利时，中国十分关注其知识产权领域的发展并大量引进。

知识产权强国美国、日本、德国、法国、英国在经济发展、治理水平和创新水平上都有绝对的优势，在知识产权贸易进口和出口网络中都占据着核心地位，是目前中国发展知识产权贸易的重点进口国。而发展与共建“一带一路”国家（地区）的知识产权贸易是中国进行地位提升的关键路径。

5.2 政策建议

本书基于社会网络分析理论和 I-CAGE 框架，用社会网络分析方法明确了影响全球知识产权贸易网络形成的因素，并通过组态分析探究这些因素对中国知识产权贸易出口和进口的协同作用。基于得出的三条高出口额路径和三条高进口额路径，对中国发展知识产权贸易、提升在全球知识产权贸易网络中的地位，本书提出以下建议：

（1）坚持创新发展理念，坚定知识产权强国目标，规范知识产权保护和管理，创新是知识产权贸易的基础，尤其对于知识产权出口，创新因素在高出口额组态的两条路径中都是核心条件，说明“打铁还需自身硬”，提高自身的创新水平才是发展知识产权贸易、提升中国在全球知识产权贸易网络地位的核心关键。

（2）继续加强与美国、日本、德国、法国、英国等知识产权强国（地区）的贸易往来。一方面，这些国家（地区）拥有数量和质量都非常可观的先进技术和专利。中国仍处在知识产权建设的发展阶段，从这些国家进口知识产权可以促进中国的技术进步和创新发展。另一方面，向这些国家输出技术和专利，可以更好地实现知识产权国际化，提升中国的影响力。

（3）以传统货物贸易带动中国的知识产权进出口。在综合考量文化因素、制度因素、地理因素和经济因素的前提下，对附加知识产权贸易的传统货物贸易进行政策引导。例如，一方面，可以对相关的进出口国家（地区）采取贸易优惠政策，签订贸易协定，吸引更多的国家（地区）与中国建立贸易伙伴关系。另一方面，鼓励企业研发创新，提升传统货物的知识产权附加值，可以同时提升货物贸易和知识产权贸易的数量和质量。

（4）以“一带一路”倡议为抓手，加大与创新欠发达经济体的知识产权贸易，特别是推动知识产权的出口。在与欧美经济发达和创新水平较高的经济体的知识产权贸易中，中国短时间内很难实现较大突破，特别是知识产权出口。随着政策的推进，中国与共建“一带一路”国家（地区）的往来必将越来越频繁，正是发展知识产权贸易、提升知识产权贸易网络地位的关键路径。

5.3 研究意义

中国十分重视知识产权的发展和建设。知识产权贸易是其中十分重要的一环，决定着中国知识产权国际化和在全球创新价值链的影响力。研究中国在全球知识产权贸易网络演化过程中如何提升地位有着十分重要的理论和现实意义。

5.3.1 理论意义

本书的基本理论是社会网络分析理论，影响因素的基础框架是 I-CAGE 框架，核心方法是组态分析。从理论、框架和方法上本书的理论意义在于：

（1）把社会网络分析理论与组态分析视角结合，并运用到国际贸易领域，实现了知识产权贸易研究的网络化、可视化、动态化和组态化，为国际贸易相关研究提供了有效思路。

（2）针对知识产权贸易的特点，对解释国际贸易的传统 CAGE 框架进行了拓展，基于技术差距理论增加创新因素，提出了 I-CAGE 框架，既为知识产权贸易的研究提供了分析框架，也为分析其他类型的国际贸易拓展了思路。

5.3.2 现实意义

本书的理论创新对解决中国在全球知识产权贸易网络演化过程中如何提升地位这一问题的现实意义在于：

（1）在描绘全球知识产权贸易网络格局和演化的基础上，厘清了中国在知识产权国际贸易中的地位演化过程，以及其他国家（地区）特别是知识产权强国的发展历史和现状，找准了定位和差距，为中国发展知识产权贸易提供了动态化和可视化的发展蓝图。

（2）在确认创新因素、文化因素、制度因素、地理因素和经济因素对全球知识产权贸易网络的形成有一定影响的基础上，通过组态分析考察了各因素对中国知识产权进出口的协同效应，找到了提升中国地位的多条路径，为中国发展知识产权贸易提供了十分具体可行的建议。

5.4 研究不足

本书尚有一些不足之处：

（1）受限于数据的可得性，本书只使用了知识产权使用费来作为衡量知识产权贸易的指标，且只使用了1995—2018年来自OECD的数据。OECD数据库目前统计的最新含非OECD成员知识产权使用费的数据是2019年的，而2019年的全球知识产权贸易总量与2018年相比有较大的下滑，可能是数据统计不全或受新冠疫情影响的原因，故暂不使用。

（2）本书只选取了含中国在内的66个国家和地区，因为全球90%以上的知识产权贸易额集中在这些国家（地区），其他国家（地区）的知识产权贸易非常少或没有。200多个国家和地区也很难在一个网络图上清晰地呈现。

5.5 研究展望

在本书研究的基础上，未来可以从以下两方面展开进一步研究：

（1）中国知识产权贸易进出口路径的演化问题。本书只使用了2018年的创新因素、文化因素、制度因素、地理因素和经济因素指标和贸易量进行了组态分析。未来可以考察各因素的动态协同效应，这可以为中国发展知识产权贸易提供更科学的动态视角。

（2）未来也可以研究其他国家（地区）知识产权贸易的提升路径。可以对比中国路径和其他国家（地区）的路径是否一致，有哪些共性和差异。这一方面可以更深入地考察 I-CAGE 框架下各因素的协同作用，另一方面也可以更全面地了解不同国家（地区）的知识产权贸易发展趋势，为中国制定相关政策提供借鉴。

参考文献

[1] Abrams, R. K. (1980). "International trade flows under flexible exchange rates". *Economic Review*, 65 (3), 3-10.

[2] Achrol, R. S., Reve, T., & Stern, L. W. (1983). "The environment of marketing channel dyads: A framework for comparative analysis". *Journal of Marketing*, 47 (4), 55-67.

[3] Aitken, N. D. (1973). "The effect of the EEC and EFTA on European trade: A temporal cross-section analysis". *The American Economic Review*, 63 (5), 881-892.

[4] Akaike H. (1973). "Information theory and an extension of the maximum likelihood principle". In B. N. Petrov & F. Csaki (Eds.), *Second international symposium on information theory*. Budapest: Akadémiai Kiado.

[5] Anderson, J. E., & Marcouiller, D. (2002). "Insecurity and the pattern of trade: An empirical investigation". *Review of Economics and Statistics*, 84 (2), 342-352.

[6] Andrews, R., Beynon, M. J., & McDermott, A. M. (2016). "Or-

ganizational capability in the public sector: A configurational approach" . *Journal of Public Administration Research and Theory*, 26 (2), 239-258.

[7] Awokuse, T. O., & Yin, H. (2010) . "Does stronger intellectual property rights protection induce more bilateral trade? Evidence from China's Imports" . *World Development*, 38 (8), 1094-1104.

[8] Baier, S. L., & Bergstrand, J. H. (2007) . "Do free trade agreements actually increase members' international trade?" . *Journal of International Economics*, 71 (1), 72-95.

[9] Baldwin, R. E. (2000) . "Regulatory protectionism, developing nations, and a two-tier world trade system" . *Brookings Trade Forum*, 2000 (1), 237-280.

[10] Bao, X., & Qiu, L. D. (2012) . "How do technical barriers to trade influence trade?" . *Review of International Economics*, 20 (4), 691-706.

[11] Barabási, A. L., & Albert, R. (1999) . "Emergence of scaling in random networks" . *Science*, 286 (5439), 509-512.

[12] Barigozzi, M., Fagiolo, G., & Mangioni, G. (2011) . "Identifying the community structure of the international-trade multi-network" . *Physica A: Statistical Mechanics and Its Applications*, 390 (11), 2051-2066.

[13] Barnes, J. A. (1954) . "Class and committees in a Norwegian Island Parish" . *Human Relations*, 7 (1), 39-58.

[14] Basile, R, Commendatore, P., De Benedictis, L., et al. (2018) . "The impact of trade costs on the European regional trade network: An empirical and theoretical analysis" . *Review of International Economics*, 26 (3), 578-609.

[15] Bathelt, H., & Henn, S. (2014) . "The geographies of knowledge

transfers over distance: Toward a typology". *Environment and Planning A*, 46 (6), 1403-1424.

[16] Bergstrand, J. H. (1985). "The gravity equation in international trade: Some microeconomic foundations and empirical evidence". *The Review of Economics and Statistics*, 474-481.

[17] Berthou, A., & Ehrhart, H. (2017). "Trade networks and colonial trade spillovers". *Review of International Economics*, 25 (4), 891-923.

[18] Blind, K., & Jungmittag, A. (2005). "Trade and the impact of innovations and standards: The case of Germany and the UK". *Applied Economics*, 37 (12), 1385-1398.

[19] Blázquez, L., González-Díaz, B. (2016). "International automotive production networks: How the web comes together". *Journal of Economic Interaction & Coordination*, 11 (1), 119-150.

[20] Borgatti, S., & Everett, M. G. (1999). "Model of core/periphery structures". *Social Networks*, 21, 375-395.

[21] Bosworth, D., & Yang, D. (2000). "Intellectual property law, technology flow and licensing opportunities in the People's Republic of China". *International Business Review*, 9 (4), 453-477.

[22] Brada, J. C., & Mendez, J. A. (1985). "Economic integration among developed, developing and centrally planned economies: A comparative analysis". *The Review of Economics and Statistics*, 549-556.

[23] Brakman, S., Garretsen, H., Van Marrewijk, C., & Van Den Berg, M. (1999). "The return of Zipf: Towards a further understanding of the rank-size distribution". *Journal of Regional Science*, 39 (1), 183-213.

[24] Branstetter, L., Fisman, R., & Foley, C. F. (2005). "Do Stronger Intellectual Property Rights Increase International Technology Transfer". NBER Working Papers 11516, 1-37.

[25] Breschi, S., & Lissoni, F. (2009). "Mobility of skilled workers and co-invention networks: An anatomy of localized knowledge flows". *Journal of Economic Geography*, 9 (4), 439-468.

[26] Campbell, J. T., Sirmon, D. G., & Schijven, M. (2016). "Fuzzy logic and the market: A configurational approach to investor perceptions of acquisition announcements". *Academy of Management Journal*, 59 (1), 163-187.

[27] Cassi, L., Morrison, A., & Rabellotti, R. (2015). "Proximity and scientific collaboration: Evidence from the global wine industry". *Tijdschrift Voor Economische En Sociale Geografie*, 106 (2), 205-219.

[28] Cassi, L., Morrison, A., Ter Wal, A. L. (2012). "The evolution of trade and scientific collaboration networks in the global wine sector: A longitudinal study using network analysis". *Economic Geography*, 88 (3), 311-334.

[29] Chang, S.-C., & Lee, M.-S. (2007). "The effects of organizational culture and knowledge management mechanisms on organizational innovation: An empirical study in Taiwan". *The Business Review*, 7 (1), 295-301.

[30] Chinazzi, M., Fagiolo, G., Reyes, J. A., et al. (2013). *Post-mortem examination of the international financial network*. Department of Economics, University of Trento, Italia, 1692-1713.

[31] Clark, R., & Beckfield, J. (2009). "A new trichotomous measure of world-system position using the international trade network". *International Journal of Comparative Sociology*, 50 (1), 5-38.

[32] Combes, P. -P., Lafourcade, M., & Mayer, T. (2005). "The trade-creating effects of business and social networks: Evidence from France". *Journal of International Economics*, 66 (1), 1-29.

[33] Contractor, F. J., & Sagafi-Nejad, T. (1981). "International technology transfer: Major issues and policy responses". *Journal of International Business Studies*, 12 (2), 113-135.

[34] Cranmer, S. J., Desmarais, B. A., & Menninga, E. J. (2012). "Complex dependencies in the alliance network". *Conflict Management and Peace Science*, 29 (3), 279-313.

[35] Cyrus, T. L. (2015). "Culture and trade in the European Union". *Journal of Economic Integration*, 206-239.

[36] Czubala, W., Shepherd, B., & Wilson, J. S. (2009). "Help or hindrance? The impact of harmonised standards on African exports". *Journal of African Economies*, 18 (5), 711-744.

[37] "China owns over 3 mln domestic valid invention patents". (2022). https://www.Chinadaily.com. https://language.chinadaily.com.cn/a/202210/12/WS634620cea310fd2b29e7c017.html.

[38] De Groot, H. L. F., Linders, G., Rietveld, P., & Subramanian, U. (2004). "The institutional determinants of bilateral trade patterns". *Kyklos*, 57 (1), 103-123.

[39] Dorussen, H., & Ward, H. (2010). "Trade networks and the kantian peace". *Journal of Peace Research*, 47 (1), 29-42.

[40] Du, Y., & Kim, P. H. (2021). "One size does not fit all: Strategy configurations, complex environments, and new venture performance in emerging

economies" . *Journal of Business Research*, 124, 272-285.

[41] Dubois, P. , Griffith, R. , & Nevo, A. (2014) . "Do prices and attributes explain international differences in food purchases? " . *American Economic Review*, 104 (3), 832-867.

[42] Dul, J. (2016) . "Necessary Condition Analysis (NCA): Logic and methodology of 'Necessary but Not Sufficient' Causality" . *Organizational Research Methods*, 19 (1), 10-52.

[43] Dul, J. , van der Laan, E. , & Kuik, R. (2020) . "A statistical significance test for necessary condition analysis" . *Organizational Research Methods*, 23 (2), 385-395.

[44] Dunlevy, J. A. (2006) . "The influence of corruption and language on the protrade effect of immigrants: Evidence from the American states" . *Review of Economics and Statistics*, 88 (1), 182-186.

[45] Eiichi, T. (2006) . "Changing Intra-Asia trade networks: New findings from the white paper 2006" . Japan Spotlight, July/August, 24-25.

[46] Elhanan, H. (1987) . "Imperfect competition and international trade-evidence from Fourteen Industrial Countries" . *Journal Ofthe Japanese and International Economics*, 1, 62-81.

[47] Emirbayer, M. (1997) . "Manifesto for a relational sociology" . *American Journal of Sociology*, 103 (2), 281-317.

[48] Fagiolo, G. (2010) . "The international-trade network: Gravity equations and topological properties" . *Journal of Economic Interaction and Coordination*, 5 (1), 1-25.

[49] Fagiolo, G. , & Mastrorillo, M. (2014) . "Does human migration

affect international trade? A complex-Network perspective". *PloS One*, 9 (5).

[50] Fagiolo, G., Reyes, J., & Schiavo, S. (2010). "The evolution of the world trade web: A weighted-network analysis". *Journal of Evolutionary Economics*, 20 (4), 479-514.

[51] Feenstra, R. C. (1998). "Integration of trade and disintegration of production in the global economy". *Journal of Economic Perspectives*, 12 (4), 31-50.

[52] Feldman, M. P. (1994). *The geography of innovation* (Vol. 2). Springer Science & Business Media.

[53] Feyrer, J. (2021). "Distance, trade, and income — The 1967 to 1975 closing of the Suez canal as a natural experiment". *Journal of Development Economics*, 153 (July), 102708.

[54] Folfas, P., & Andżelika, K. (2013). *International trade in intellectual property - intensive goods*, August, 1-14.

[55] Frankel, J. A., Stein, E., & Wei, S.-J. (1997). *Regional trading blocs in the world economic system.* Peterson Institute.

[56] Frankel, J., Stein, E., & Wei, S.-J. (1995). "Trading blocs and the Americas: The natural, the unnatural, and the super-natural". *Journal of Development Economics*, 47 (1), 61-95.

[57] Garlaschelli, D., & Loffredo, M. I. (2004). "Patterns of link reciprocity in directed networks". *Physical Review Letters*, 93 (26 I), 1-4.

[58] Geng, D., & Saggi, K. (2022). "Tariff barriers and the protection of intellectual property in the global economy". *European Economic Review*, 144, 104074.

[59] Globerman, S., & Shapiro, D. (2003). "Governance infrastructure and US foreign direct investment". *Journal of International Business Studies*, 34, 19-39.

[60] Granovetter, M. (1985). "Economic Action and Social Structure: The Problem of Embeddedness". *The University of Chicago Press Journals*, 91 (3), 481-510.

[61] Greckhamer, T. (2016). "CEO compensation in relation to worker compensation across countries: The configurational impact of country - level institutions". *Strategic Management Journal*, 37 (4), 793-815.

[62] Greckhamer, T., Furnari, S., Fiss, P. C., & Aguilera, R. V. (2018). "Studying configurations with qualitative comparative analysis: Best practices in strategy and organization research". *Strategic Organization*, 16 (4), 482-495.

[63] Guiso, L., Sapienza, P., & Zingales, L. (2009). "Cultural biases in economic exchange?". *The Quarterly Journal of Economics*, 124 (3), 1095-1131.

[64] Guo, R. (2004). "How culture influences foreign trade: Evidence from the U. S. and China". *Journal of Socio-Economics*, 33 (6), 785-812.

[65] Hanousek, J., & Kočenda, E. (2014). "Factors of trade in Europe". *Economic Systems*, 38 (4), 518-535.

[66] Harris J. K. (2013) *An introduction to exponential random graph modeling*. Sage Publications.

[67] He, Y., & Maskus, K. E. (2012). "Southern innovation and reverse knowledge spillovers: A Dynamic FDI Model". *International Economic Review*, 53 (1), 279-302.

[68] Hilgerdt, F. (1943). "The case for multilateral trade". *The American Economic Review*, 33 (1), 393-407.

[69] Hofstede, G. (1983). "National cultures in four dimensions: A research-based theory of cultural differences among nations". *International Studies of Management & Organization*, 13 (1-2), 46-74.

[70] Hofstede, G. (2001). *Culture's consequences: Comparing values, behaviors, institutions and organizations across nations*. SAGE.

[71] Hofstede, G., Hofstede, G. J., & Minkov, M. (2005). *Cultures and organizations: Software of the mind* (Vol. 2). Mcgraw-hill New York.

[72] IMF Balance of Payments Manual. (1993).

[73] Ivus, O. (2010). "Do stronger patent rights raise high-tech exports to the developing world?". *Journal of International Economics*, 81 (1), 38-47.

[74] Ivus, O. (2015). "Does stronger patent protection increase export variety? Evidence from US product-level data". *Journal of International Business Studies*, 46 (6), 724-731.

[75] Jaffe, A. B., Trajtenberg, M., & Henderson, R. (1993). "Geographic localization of knowledge spillovers as evidenced by patent citations". *The Quarterly Journal of Economics*, 108 (3), 577-598.

[76] Jansen, M., & Nordås, H. K. (2004). "Institutions, trade policy and trade flows". *Available at SSRN* 562424.

[77] Johns, L., & Wellhausen, R. L. (2016). "Under one roof: Supply chains and the protection of foreign investment". *American Political Science Review*, 110 (1), 31-51.

[78] Kaluza, P., Kölzsch, A., Gastner, M. T., et al. (2010). "The

complex network of global cargo ship movements" . *Journal of the Royal Society Interface*, 7 (48), 1093-1103.

[79] Kaufmann, D. , Kraay, A. , & Mastruzzi, M. (2003) . "Governance Matters Ⅲ Governance: Governance Indicators for 1996-2002" . *World Bank Policy Research Working Paper*, 3106 (August) .

[80] Kharrazi, A. , Rovenskaya, E. , & Fath, B. D. (2017) . "Network structure impacts global commodity trade growth and resilience" . *PloS One*, 12 (2), e0171184.

[81] Kick, E. L. , & Davis, B. L. (2001) . "World-system structure and change: An analysis of global networks and economic growth across two time periods" . *American Behavioral Scientist*, 44 (10), 1561-1578.

[82] Kilduff, M. , Crossland, C. , Tsai, W. , & Krackhardt, D. (2008) . "Organizational network perceptions versus reality: A small world after all?" . *Organizational Behavior and Human Decision Processes*, 107 (1), 15-28.

[83] Kim, S. , & Shin, E.-H. (2002) . "A longitudinal analysis of globalization and regionalization in international trade of nurserygardening products: A social network approach" . *Soc. Forces*, 81 (2), 445-468.

[84] Koczan, Z. , & Plekhanov, A. (2013) . "How important are non-tariff barriers? Complementarity of infrastructure and institutions of trading partners" . *European Bank for Reconstruction and Development*, 159.

[85] Kogut, B. , & Singh, H. (1988) . "The effect of national culture on the choice of entry mode" . *Journal of International Business Studies*, 19 (3), 411-432.

[86] Koka, B. R. , & Madhavan, R. (1999) . "Contagion influence on

trade and investment policy: A network perspective". *Journal of International Business Studies*, 30 (1), 127-147.

[87] Krivitsky, P. N. (2012). "Exponential-family random graph models for valued networks". *Electronic Journal of Statistics*, 6, 1100.

[88] Lai, E. L. -C. (1998). "International Intellectual Property Rights Protection and the Rate of Product Innovation". *Journal of Development Economics*, 55 (615), 133-153.

[89] Li, W., & Chen, Y. (2020). "A study of the influence of intellectual property on China-U. S. trade relations". *SAGE Open*, 10 (2).

[90] Linders, G. -J., Slangen, A., de Groot, H. L. F., & Beugelsdijk, S. (2005). "Cultural and institutional determinants of bilateral trade flows". *Tinbergen Institute Discussion Paper*, No. 05-074/3.

[91] Lovri, M., Da, R., Vidale, E., Pettenella, D., & Mavsar, R. (2018). "Social network analysis as a tool for the analysis of international trade of wood and non-wood forest products". *Fereot Polioy and Economics*, 86 (October 2017), 45-66.

[92] Lozano, S., & Gutiérrez, E. (2018). "A complex network analysis of global tourism flows". *International Journal of Tourism Research*, 20 (5), 588-604.

[93] Lusher, D., Koskinen, J., & Robins, G. (2013). *Exponential random graph models for social networks: Theory, methods, and applications*. Cambridge University Press.

[94] Mahutga, M. C. (2006). "The persistence of structural inequality? A network analysis of international trade, 1965-2000". *Social Forces*, 84 (4),

1863-1869.

[95] Mangelsdorf, A. (2011). "The role of technical standards for trade between China and the European Union". *Technology Analysis and Strategic Management*, 23 (7), 725-743.

[96] Maskus, K. E., & Penubarti, M. (1995). "How trade-related are intellectual property rights?". *Journal of International Economics*, 39 (3-4), 227-248.

[97] Maskus, K. E., & Yang, L. (2013). "The Impacts of Post-TRIPS Patent Reforms on the Structure of Exports". *RIETI Discussion Paper Series.*

[98] Mendonça, T. G. de, Lirio, V. S., Braga, M. J., & Silva, O. M. da. (2014). "Institutions and Bilateral Agricultural Trade". *Procedia Economics and Finance*, 14 (14), 164-172.

[99] Miguelez, E., & Moreno, R. (2013). "Do Labour Mobility and Technological Collaborations Foster Geographical Knowledge Diffusion? The Case of E uropean Regions". *Growth and Change*, 44 (2), 321-354.

[100] Misangyi, V. F., Greckhamer, T., Furnari, S., Fiss, P. C., Crilly, D., & Aguilera, R. (2017). "Embracing Causal Complexity: The Emergence of a Neo-Configurational Perspective". *Journal of Management*, 43 (1), 255-282.

[101] Moenius, J. (2004). "Information Versus Product Adaptation: The Role of Standards in Trade". *SSRN Electronic Journal.*

[102] Moreno, J. L. (1934). "Who shall survive?: A new approach to the problem of human interrelations". In *Who shall survive?: A new approach to the problem of human interrelations.* Nervous and Mental Disease Publishing Co.

[103] Morris, M., Handcock, M. S., & Hunter, D. R. (2008). "Specification of exponential-family random graph models: Terms and computational aspects". *Journal of Statistical Software*, 24 (4), 1548.

[104] Möhlmann, L. J., Ederveen, S., De Groot, H. L. F., & Linders, G. J. M. (2010). "Intangible barriers to international trade". *The Gravity Model in International Trade: Advances and Applications*, 224, 252.

[105] Nemeth, R., & Smith, D. (1985). "International trade and world-system structure: A multiple network analysis". *Review (Fernand Braudel Center)*, 8 (4), 517-560.

[106] *New WIPO Study Gives First-Ever Figures on Value of "Intangible Capital" in Manufactured Goods.* (2017). https://www.wipo.int/pressroom/en/articles/2017/article_0012.html.

[107] Newman, M. E. J. (2010). *Networks: An Introduction.* Oxford University Press.

[108] Pan, Z. (2018). "Varieties of intergovernmental organization memberships and structural effects in the world trade network". *Advances in Complex Systems*, 21 (2).

[109] Pankaj, G. (2001). "Distance still matters: The hard reality of global expansion". *Harvard Business Review*, 79 (8), 137-147.

[110] Parkhe, A. (1991). "Interfirm diversity, organizational learning, and longevity in global strategic alliances". *Journal of International Business Studies*, 22, 579-601.

[111] Peter, R., & Herman. (2017). "Identifying multilateral dependencies in the world trade network U.S.". Washington D.C.: International Trade

Commission.

[112] Pham, N. D. (2010). "The impact of innovation and the role of intellectual property rights on U. S. productivity, competitiveness, jobs, wages, and exports". *NDP Consulting*, April, 75.

[113] Ponds, R., van Oort, F., & Frenken, K. (2007). "The geographical and institutional proximity of research collaboration". *Papers in Regional Science*, 86 (3), 423-443.

[114] Portugal, P., A., Reyes, J. D., & Wilson, J. S. (2010). "Beyond the information technology agreement: Harmonisation of standards and trade in electronics". *World Economy*, 33 (12), 1870-1897.

[115] Portugal-Perez, A., Reyes, J. D., & Wilson, J. S. (2010). "Beyond the information technology agreement: Harmonisation of standards and trade in electronics". *World Economy*, 33 (12), 1870-1897.

[116] Posner, M. V. (1961). "International trade and technical change". *Oxford Economic Papers*, 13 (3), 323-341.

[117] Quatraro, F., & Usai, S. (2017). "Are knowledge flows all alike? Evidence from European regions". *Regional Studies*, 51 (8), 1246-1258.

[118] Ragin, C. C. (2009). *Redesigning social inquiry: Fuzzy sets and beyond.* University of Chicago Press.

[119] Rallet, A., & Torre, A. (1999). "Is geographical proximity necessary in the innovation networks in the era of global economy?". *GeoJournal*, 49 (4), 373-380.

[120] Rauch, J. E., & Trindade, V. (2002). "Ethnic Chinese networks in international trade". *Review of Economics and Statistics*, 84 (1), 116-130.

[121] Riccaboni, M., Rossi, A., & Schiavo, S. (2013). "Global networks of trade and bits". *Journal of Economic Interaction and Coordination*, 8 (1), 33-56.

[122] Riker, D. (2014). *Intellectual Property Rights and International Receipts of Royalties and Licensing Fees*, August.

[123] Rodrik, D. (2000). "How far will international economic integration go?". *Journal of Economic Perspectives*, 14 (1), 177-186.

[124] Schneider, C. Q., & Wagemann, C. (2010). "Standards of good practice in qualitative comparative analysis (QCA) and fuzzy-sets". *Comparative Sociology*, 9 (3), 397-418.

[125] Schwarz G. (1978). "Estimating the dimension of a model". *The Annals of Statistics*, 461-464.

[126] Schütz, M. H., & Palan, N. (2016). "Restructuring of the international clothing and textile trade network: The role of Italy and Portugal". *Journal of Economic Structures*, 5 (1), 1-29.

[127] Scott, J. (1988). "Trend report social network analysis". *Sociology*, 22 (1), 109-127.

[128] Scott, J. (2011). "Social network analysis: Developments, advances, and prospects". *Social Network Analysis and Mining*, 1 (1), 21-26.

[129] Serrano, M. A., & Boguña, M. (2003). "Topology of the world trade web". https://doi.org/10.1103/PhysRevE.68.015101.

[130] Shih, H. Y, Chang, T. L. S. (2009). "International diffusion of embodied and disembodied technology: A network analysis approach". *Technological Forecasting and Social Change*, 76 (6), 821-834.

[131] Skarmeas, D., Katsikeas, C. S., & Schlegelmilch, B. B. (2002). "Drivers of commitment and its impact on performance in cross-cultural buyer-seller relationships: The importer's perspective". *Journal of International Business Studies*, 33, 757-783.

[132] Smith, D. A., & White, D. R. (1992). "Structure and Dynamics of the Global Economy?: Network Analysis of International Trade 1965-1980". *Social Forces*, 70 (4), 857-893.

[133] Smith, P. J. (1999). "Are weak patent rights a barrier to U. S. exports?". *Journal of International Economics*, 48 (1), 151-177.

[134] Snyder, D., & Kick, E. L. (1979). "Structural position in the world system and economic growth, 1955-1970: A multiple-network analysis of transnational interactions". *American Journal of Sociology*, 84 (5), 1096-1126.

[135] Swann, P., Temple, P., & Shurmer, M. (1996). "The internationalisation of norwegian Firms: A study of the U. K . experience". *Economic Journal*, 58-66.

[136] Tadesse, B., & White, R. (2010). "Does cultural distance hinder trade in goods? A comparative study of nine OECD member nations". *Open Economies Review*, 21, 237-261.

[137] Tadesse, B., White, R., & Zhongwen, H. (2017). "Does China's trade defy cultural barriers?". *International Review of Applied Economics*, 31 (3), 398-428.

[138] Tinbergen, J. (1962). *Shaping the world economy: Suggestions for an international economic policy.*

[139] Tomohara, A. (2019). "Do migrant and business networks promote

international royalty receipts? Evidence from the U. S. ” . *Applied Economics Letters*, 26 (9), 759-764.

[140] TRIPs. (1994) . *Agreement on Trade-Related Aspects of Intellectual Property Rights.*

[141] Turco, A. Lo, & Maggioni, D. (2016) . *For God's sake. The impact of religious proximity on firms' exports.*

[142] Valverde, S. , Cancho, R. F. , & Sole, R. V. (2002) . “Scale-free networks from optimal design” . *Europhysics Letters*, 60 (4), 512.

[143] Vernon, R. (1966) . “International investment and international trade in the product cycle” . In *Quarterly Journal of Economics* (Second Edi, Vol. 80) . Academic Press, Inc.

[144] Ward, M. D. , Ahlquist, J. S. , & Rozenas, A. (2013) . “Gravity's Rainbow: A dynamic latent space model for the world trade network” . *Network Science*, 1 (1), 95-118.

[145] Wasserman, S. , & Faust, K. (1994) . *Social Network Analysis.* Cambridge University Press.

[146] Wei, S. (2000) . *Natural openness and good government.* National Bureau of Economic Research Cambridge, Mass. , USA.

[147] Wellman, B. (1988) . “Network analysis: From method and metaphor to theory and substance” . In B. Wellman & S. D. Berkowitz (Eds.) . *Social Structurea a Network Approach*: Vol. 1 B (pp. 19-61) . Cambridge University Press.

[148] White, R. , & Tadesse, B. (2008) . “Cultural distance and the US immigrant-trade link” . *World Economy*, 31 (8), 1078-1096.

[149] Wilson, J. S., Mann, C. L., & Otsuki, T. (2004). *Assessing the Potential Benefit of Trade Facilitation: A Global Perspective*, 28 (6), 841-871.

[150] Wilson, R. (1977). "International licensing of technology: Empirical evidence". *Research Policy*, 6 (2), 114-126.

[151] WIPO. (2017). *World intellectual property report* 2017: *Intangible capital in global value chains.*

[152] WIPO. (2021a). *Global Innovation Index* 2021: *Tracking Innovation through the COVID-*19 *Crisis.*

[153] WIPO. (2021b). *World Intellectural Property Indicators* 2021.

[154] WTO. (2006). *World Trade Report.*

[155] Yang, G., & Maskus, K. E. (2001). "Intellectual property rights, licensing, and innovation in an endogenous product-cycle model". *Journal of International Economics*, 53 (1), 169-187.

[156] Yu, C. (2016). "Intellectual property protection and comparative advantages of China's export". *Journal of Management World*, 6, 51-66.

[157] Zhang, Chun, Cavusgil, S. T., & Roath, A. S. (2003). "Manufacturer governance of foreign distributor relationships: Do relational norms enhance competitiveness in the export market?". *Journal of International Business Studies*, 34, 550-566.

[158] Zhou, G., Zhang, Z., & Fei, Y. (2022). "How to evaluate the green and high-quality development path? An fsQCA approach on the China pilot free trade zone". *International Journal of Environmental Research and Public Health*, 19 (1).

[159] Zhou, M., Wu, G., & Xu, H. (2016). "Structure and formation

of top networks in international trade, 2001-2010”. *Social Networks*, 44, 9-21.

[160] 柏慧.(2021).标准国际化对中国高技术产业出口贸易质量的影响研究.江苏大学.

[161] 蔡海亚，徐盈之.(2017).标准化对贸易发展的影响效应及作用路径分析.亚太经济,(2), 56-64+174.

[162] 车南林，唐耕砚.(2020).显现与弥合：中国图书版权贸易中的“距离效应”.现代出版,(3), 78-83.

[163] 陈丽娴，沈鸿.(2018).生产性服务贸易网络特征与制造业全球价值链升级.财经问题研究,(4), 39-46.

[164] 陈银飞.(2011).2000-2009年世界贸易格局的社会网络分析.国际贸易问题,(11), 31-42.

[165] 代中强，蔡华津.(2019).美国知识产权调查的贸易抑制效应研究.国际贸易问题,(8), 124-137.

[166] 代中强.(2007).我国知识产权贸易竞争力分析及发展对策.国际贸易问题,(8), 73-77.

[167] 代中强.(2020).美国知识产权调查引致的贸易壁垒：特征事实、影响及中国应对.国际经济评论,(3), 107-122+6-7.

[168] 戴魁早，方杰炜.(2019).贸易壁垒对出口技术复杂度的影响——机制与中国制造业的证据.国际贸易问题,(12), 136-154.

[169] 董迪，安海忠，郝晓晴，钟维琼.(2015).基于复杂网络的国际铜矿石贸易格局.经济地理, 36(10), 93-101.

[170] 董琴.(2021).技术标准与中国制造业出口升级.辽宁大学.

[171] 杜运周，贾良定.(2017)组态视角与定性比较分析(QCA)：管理学研究的一条新道路.管理世界,(6), 155-167.

［172］杜运周，刘秋辰，陈凯薇，等．（2022）．营商环境生态、全要素生产率与城市高质量发展的多元模式——基于复杂系统观的组态分析．管理世界，38（9），127-145.

［173］杜运周，刘秋辰，陈凯薇，等．（2022）．营商环境生态、全要素生产率与城市高质量发展的多元模式——基于复杂系统观的组态分析．管理世界，38（9），127-145.

［174］杜运周，刘秋辰，程建青．（2020）．什么样的营商环境生态产生城市高创业活跃度？——基于制度组态的分析．管理世界，36（9），141-155.

［175］段德忠，谌颖，杜德斌．（2019）．"一带一路"技术贸易格局演化研究．地理科学进展，38（7），998-1008.

［176］段德忠，杜德斌，谌颖．（2019）．知识产权贸易下的全球地缘科技格局及其演化．地理研究，38（9），2115-2128.

［177］范斐，刘承良，游小珺，肖泽磊．（2015）．全球港口间集装箱运输贸易网络的时空分异．经济地理，35（6），109-115.

［178］范秋芳，王嫚，李苏．（2019）．"一带一路"沿线国家贸易便利化水平对中国出口贸易影响研究．工业技术经济，38（8），20-31.

［179］方英，马芮．（2018）．中国与"一带一路"沿线国家文化贸易潜力及影响因素：基于随机前沿引力模型的实证研究．世界经济研究，（1），112-121+136.

［180］冯志刚，张志强，刘昊．（2022）．国际技术贸易格局演化规律研究——基于知识产权使用费数据分析视角．情报学报，41（1），38-49.

［181］傅帅雄，罗来军．（2017）．技术差距促进国际贸易吗？——基于引力模型的实证研究．管理世界，（2），43-52.

［182］高菠阳，李俊玮．（2017）．全球电子信息产业贸易网络演化特征研究．世界地理研究，26（1），1-11.

［183］顾威．（2017）．“一带一路”沿线国家基础设施状况对中国出口贸易的影响．南京大学．

［184］顾晓燕，刘丽．（2016）．知识产权贸易促进创新驱动发展的模式选择与实现路径．现代经济探讨，（7），20-23.

［185］顾晓燕，史新和．（2014）．中国知识产权出口贸易影响因素的实证研究．经济问题，（11），98-101.

［186］顾晓燕，朱玮玮．（2022）．新发展格局下知识产权贸易对经济高质量发展的影响．经济问题，（10），19-26.

［187］关娇娇．（2021）．知识产权保护、进口贸易与中国高技术产业技术创新．河南财经政法大学．

［188］郭世泽，陆哲明．（2012）．复杂网络基础理论．科学出版社．

［189］郭小东，吴宗书．（2014）．创意产品出口、模仿威胁与知识产权保护．经济学（季刊），13（3），1239-1260.

［190］韩剑，冯帆，李妍．（2018）．FTA 知识产权保护与国际贸易：来自中国进出口贸易的证据．世界经济，41（9），51-74.

［191］和聪贤．（2022）．世界大豆贸易网络格局演变及影响机制研究．世界农业，（8），27-40.

［192］洪俊杰，杨志浩，商辉．（2021）．国际供应链供给冲击与中国“稳外资”目标——外商资本追加视角．经济科学，（6），5-20.

［193］侯俊军，袁强，白杨．（2015）．技术标准化提升产业国际竞争力的实证研究．财经理论与实践，36（1），117-122.

［194］蒋小荣，杨永春，汪胜兰．（2018）．1985-2015 年全球贸易网络

格局的时空演化及对中国地缘战略的启示．地理研究，37（3），495-511.

［195］金卓，杨若愚．（2017）．中国与“一带一路”沿线国家科技合作中高影响力文献特征研究——基于 ESI 数据库高被引论文的计量分析．科技管理研究，37（20），14-20.

［196］康晓玲，张莹．（2016）．我国与“一带一路”沿线国家双边贸易成本的测算和影响因素分析．西安电子科技大学学报（社会科学版），26（4），77-86.

［197］郎丽华，袁晓晖．（2021）．双向知识产权保护对中国出口三元边际的影响．商业经济与管理，（10），85-96.

［198］李浩．（2005）．我国知识产权贸易存在的问题及对策．国际贸易问题，（11），118-122.

［199］李敬，陈旎，万广华，陈澍．（2017）．“一带一路”沿线国家货物贸易的竞争互补关系及动态变化——基于网络分析方法．管理世界，（4），10-19.

［200］李黎明．（2016）．中日韩知识产权产品贸易现状及对策研究［J］．科技管理研究，36（3），146-155.

［201］李晓娣，饶美仙．（2023）．数字经济赋能城市科技创新的组态路径研究．科学学研究，41（11）．

［202］梁琦，吴新生．（2017）．“一带一路”沿线国家双边贸易影响因素研究——基于拓展引力方程的实证检验．经济学家，（12），69-77.

［203］廖泽芳，李婷，程云洁．（2017）．中国与“一带一路”沿线国家贸易畅通障碍及潜力分析．上海经济研究，（1），77-85.

［204］林玲．（2021）．基于 ERGM 模型的国际知识产权贸易网络及其形成机制研究．上海外国语大学．

［205］林琦，欧思歆．（2018）．“一带一路”沿线国家贸易便利化水平对中国出口影响的实证分析．数学的实践与认识，48（23），59-68.

［206］刘德学，孙博文．（2019）．经济制度距离与贸易发展——基于跨国面板数据的实证研究．国际商务（对外经济贸易大学学报），（1），21-33.

［207］刘建．（2013）．基于社会网络的国际原油贸易格局演化研究．国际贸易问题，（12），48-57.

［208］刘劲松．（2016）．基于社会网络分析的世界天然气贸易格局演化．经济地理，36（12）：89-95.

［209］刘林青，陈紫若，田毕飞．（2020）．结构依赖如何影响贸易网络形成及演化：以“一带一路”为例．世界经济研究，（6），106-120+137.

［210］刘强，李本乾．（2016）．中国知识产权贸易国际竞争力的演进与多国比较．科技管理研究，36（12）：135-139.

［211］鲁晓东，连玉君．（2011）．要素禀赋、制度约束与中国省区出口潜力——基于异质性随机前沿出口模型的估计．南方经济，（10），3-11+26.

［212］马弘，秦若冰．（2020）．收入水平、收入分布与进口需求．经济科学，（2），20-33.

［213］马添翼，余昌龙．（2016）．知识产权贸易影响技术差距收敛的似不相关回归分析．商业经济研究，（2），139-141.

［214］马远，徐俐俐．（2017）．“一带一路”沿线国家天然气贸易网络结构及影响因素．世界经济研究，（3），109-122.

［215］宋明顺，许书琴，郑素丽，等．（2020）．标准化对企业出口“一带一路”国家的影响——基于京津冀企业的分析．科技管理研究，40

（6），216-222.

［216］宋周莺，车姝韵，杨宇．（2017）．“一带一路”贸易网络与全球贸易网络的拓扑关系．地理科学进展，36（11），1340-1348.

［217］孙金彦，刘海云．（2016）．“一带一路”战略背景下中国贸易潜力的实证研究．当代财经，（6），99-106.

［218］孙晓蕾，杨玉英，吴登生．（2012）．全球原油贸易网络拓扑结构与演化特征识别．世界经济研究，（9），11-17.

［219］孙玉涛，刘凤朝．（2014）．基于哈肯模型的跨国技术流动网络演化机制——以航空航天领域为例．科研管理，35（1），41-47.

［220］谭海波，范梓腾，杜运周．（2019）．技术管理能力、注意力分配与地方政府网站建设——一项基于 TOE 框架的组态分析．管理世界，35（9），81-94.

［221］谭秀杰，周茂荣．（2015）．21 世纪“海上丝绸之路”贸易潜力及其影响因素——基于随机前沿引力模型的实证研究．国际贸易问题，（2），3-12.

［222］陶爱萍，李丽霞．（2013）．促进抑或阻碍——技术标准影响国际贸易的理论机制及实证分析．经济理论与经济管理，（12），91-100.

［223］铁瑛，蒙英华．（2020）．移民网络、国际贸易与区域贸易协定．经济研究，55（2），165-180.

［224］王冠宇，张庆彩，郭伟．（2021）．技术性贸易壁垒与异质性企业出口行为：退出还是升级？．技术经济，40（1），118-127.

［225］王江，陶磊，祖全．（2018）．创新驱动战略下的知识产权贸易国际竞争力及其影响因素分析——以北京市为例．科技管理研究，38（2），148-155.

［226］王进富，邱婧，张颖颖．（2023）．多要素驱动区域创新链耦合协调度提升的路径研究——TOE 框架下的 fsQCA 分析．科技进步与对策，40（4），34-44.

［227］王黎萤，高鲜鑫，张迪，等．（2021）．FTA 知识产权规则对出口贸易结构的影响研究．科学学研究，39（12），2149-2159.

［228］王列辉，林羽珊，Cesar Ducruet.（2018）．1895-2016 年全球海运网络中的海峡两岸港口运输联系变化．地理学报，73（12），2282-2296.

［229］王倩，宋涛，梁宜，邹嘉龄．（2017）．东盟与大国贸易联系及其影响因素．热带地理，37（6），852-861.

［230］王群艳．（2019）．美国知识产权壁垒对我国出口贸易的影响及其作用机制研究．浙江工商大学．

［231］王群勇，孟雅婧．（2023）．知识产权保护与知识产权贸易——基于复杂网络的视角．国际贸易问题，（5），70-87.

［232］王婉如．（2018）．技术标准、贸易壁垒与国际经济效应研究——基于“一带一路”沿线国家的实证分析．国际贸易问题，（9），80-94.

［233］王颖，郜志雄．（2021）．世界知识产权贸易出口影响因素的实证研究——基于美国的面板数据．软科学，35（1），12-18.

［234］王宗水，赵红，刘宇，等．（2015）．社会网络研究范式的演化、发展与应用——基于 1998~2014 年中国社会科学引文数据分析．情报学报，34（12），1235-1245.

［235］魏浩，李晓庆．（2015）．中国进口贸易的技术结构及其影响因素研究．世界经济，38（8），56-79.

［236］我国已成为全球第五大知识产权贸易经济体（2021）．https：//

www. cctv. com. https：//jingji. cctv. com/2021/10/05/ARTIGaiHxSTcryVd4SVW6rCX211005. shtml.

［237］吴建南，杨若愚．（2016）．中国与“一带一路”国家的科技合作态势研究．科学学与科学技术管理，37（1），14–20.

［238］吴新生，梁琦．（2017）．贸易自由化与FDI区位选择——来自“一带一路”沿线国家的经验证据．东北大学学报（社会科学版），19（6）：571–579+586.

［239］谢智敏，王霞，杜运周，等．（2022）．制度复杂性、创业导向与创新型创业——一个基于跨国案例的组态分析．科学学研究，40（5），863–873.

［240］熊文明，余维新，沙勇．（2022）．学术创业者角色协同的驱动因素组态效应研究．科技进步与对策，39（20），1–10.

［241］徐亮，谭江林，谢媛媛，等．（2021）．外贸高质量发展背景下中国知识产权贸易国际竞争力提升研究．全国流通经济，（24），21–25.

［242］徐娴丽，李雁玲．（2011）．我国知识产权贸易的国际竞争力分析．价格理论与实践，（5），83–84.

［243］许和连，孙天阳，吴钢．（2015）．贸易网络地位、研发投入与技术扩散——基于全球高端制造业贸易数据的实证研究．中国软科学，（9），55–69.

［244］许和连，孙天阳．（2015）．TPP背景下世界高端制造业贸易格局演化研究——基于复杂网络的社团分析．国际贸易问题，（8），3–13.

［245］许时泽．（2019）．全球服务贸易网络与服务空间的演化研究．华东师范大学．

［246］杨文龙，杜德斌，马亚华，等．（2018）．“一带一路”沿线国

家贸易网络空间结构与邻近性．地理研究，37（11），2218-2235.

［247］杨文龙，杜德斌，盛垒．（2022）．全球商品贸易网络生长特征及动力机制．资源科学，44（3），508-522.

［248］杨文龙，游小珺，杜德斌．（2021）．商品贸易网络视角下地缘经济系统的属性与功能演进．地理研究，40（2），356-372.

［249］叶阳平，马文聪，张光宇．（2016）．中国与“一带一路”沿线国家科技合作现状研究——基于专利和论文的比较分析．图书情报知识，（4），60-68.

［250］余长林．（2016）．知识产权保护与中国出口比较优势．管理世界，（6），51-66.

［251］詹洪海．（2009）．知识产权贸易（第一版）．上海大学出版社．

［252］张萃，欧阳冬平．（2017）．“一带一路”战略下中国国际科研合作影响因素研究——基于 Web of Science 数据库中外合作科研论文的实证分析．国际贸易问题，（4），74-82.

［253］张鹏飞．（2018）．基础设施建设对“一带一路”亚洲国家双边贸易影响研究：基于引力模型扩展的分析．世界经济研究，（6），70-82+136.

［254］张菀洺，张珊珊．（2020）．中国对外贸易的影响因素研究．数量经济技术经济研究，37（11），81-98.

［255］张晓娜，刘希宋，王发银．（2010）．我国知识产权贸易现状与对策［J］．生产力研究，（11），153-154+189.

［256］张晓月，袁广．（2020）．产业知识产权与出口贸易规模的关系探究——基于江苏省制造业的经验数据．科技管理研究，40（18），203-209.

［257］张艳艳，印梅．（2018）．中国对“一带一路”国家出口贸易效率及影响因素．首都经济贸易大学学报，20（5），39-48.

［258］章秀琴，余长婧．（2019）．“一带一路”基础设施建设的贸易效应研究［J］．国际商务（对外经济贸易大学学报），（1），72-83.

［259］赵国钦，万方．（2016）．世界贸易网络演化及其解释——基于网络分析方法．宏观经济研究，（4），151-159.

［260］郑蕾，刘毅，刘卫东．（2016）．全球整车及其零部件贸易格局演化特征［J］．地理科学，36（5），662-670.

［261］郑休休，刘青，赵忠秀．（2022）．技术性贸易壁垒与中国企业出口调整——“优胜劣汰”与“提质升级”．中国人民大学学报，36（4），92-107.

［262］种照辉，覃成林．（2017）．“一带一路”贸易网络结构及其影响因素——基于网络分析方法的研究．国际经贸探索，33（5），16-28.

［263］周升起，李蕴鸿．（2023）．数字距离对中国文化出口的影响研究．重应理工大学学报（社会科学），37（1），69-86.

［264］朱孟珏，庄大昌．（2018）．2001—2015 年全球健康产业贸易网络特征研究．人文地理，33（2），76-83.

［265］朱琴，姜彩楼．（2016）．知识产权贸易对环境全要素生产率的影响研究——基于跨国样本的内生性检验．统计与信息论坛，31（8），60-63.

［266］邹嘉龄，刘卫东．（2016）．2001-2013 年中国与“一带一路”沿线国家贸易网络分析．地理科学，36（11），1629-1636.